स्वदेश-परिचय : 2

भारत की संस्कृति की कहानी

(भारत सरकार द्वारा पुरस्कृत)

डॉ. भगवतशरण उपाध्याय

राजपाल

₹ 90
ISBN : 9788170285946

BHARAT KI SANSKRITI KI KAHANI (Indian Culture)
by Dr. Bhagwatsharan Upadhayaya
मुद्रक : शिव शक्ति प्रिंटर्स, दिल्ली

राजपाल एण्ड सन्ज़
1590, मदरसा रोड, कश्मीरी गेट, दिल्ली-110006
फोन : 011-23869812, 23865483, 23867791
website : www.rajpalpublishing.com
e-mail : sales@rajpalpublishing.com
www.facebook.com/rajpalandsons

भारतीय संस्कृति की कहानी

सदा से आदमी ऐसा नहीं रहा है जैसा वह आज है। कोई युग ऐसा न था जिसमें पेड़ों में रोटियां फलती हों और आदमी तोड़कर खा लेता हो। बल्कि एक दिन था, जब उन सारी चीज़ों का, जो हमारे चारों ओर दीखती हैं, अभाव था। हर चीज़ ज़रूरत से, समय-समय पर आदमी ने बनाई है। ज़रूरत, सूझ और मेहनत से धीरे-धीरे आज की दुनिया बनी। धीरे ही धीरे इन्सान अपने जंगली जानवर के से जीवन से दूर आज की दुनिया की ओर हटता आया है। उसकी खोज और ईजाद करने वाली अक्ल ने उसकी मानवीय दुनिया बनाई और बसाई है। यही सभ्यता है—जंगली जीवन से मानवीय जीवन की ओर बढ़ता सामाजिक जीवन का विस्तार।

संस्कृति का सम्बन्ध उसी सामाजिक जीवन से अधिक से अधिक है। जब आदमियों का एक दल या समाज एक ही रीति से कुछ करता है, एक ही विश्वास रखता है, एक ही प्रकार के आदर्श सामने रखता है, अपने पुरखों के कामों को समान रूप से अपने आदर, गर्व और गौरव की बात मानता है, तब संस्कृति का जन्म होता है। संस्कृति आदमी के सामाजिक जीवन का प्राण है।

खेती का आरम्भ हुआ।

जंगली जीवन से सामान्य जीवन की ओर बढ़ना, एक दूसरे के साथ प्रशंसापूर्ण व्यवहार करना, सभ्यता है। धनुष बाणों का व्यवहार, खेती का आरम्भ, गोल पहिए की खोज, गांव में मनुष्य का एक साथ मिलकर बसना, सभ्यता के आरम्भिक चरण हैं। संस्कृति विचारों की दुनिया है। पूजा, धर्म, दर्शन, राष्ट्र, सामाजिक संगठन उसकी मंज़िलें हैं।

गोल पहिये की खोज की।

आदमी एक-दूसरे से मिलकर सीखता और सिखाता है। इसी तरह एक स्थान पर रहने वाले दूसरे स्थान के रहने वालों को सिखाते और उनसे सीखते हैं। इस प्रकार सभी सबसे सीखते और सबको सिखाते हैं। समाज में रहना ही सीखना और सिखाना है। जिस देश में रहने वालों को दूसरे देश वालों से जितना ही मिलने का मौका पड़ता है, उतनी ही तेज़ी से वे उनसे सीखते हैं, उन्हें सिखाते हैं।

इस विचार से हमारा देश बड़ा भाग्यवान रहा है, क्योंकि यहाँ बसने या आहार की खोज में लोग बराबर बाहर से यहाँ आते रहे हैं, यहां वालों में घुल-मिल गए हैं, यहां वालों को सिखाते रहे हैं, यहां वालों में घुल-मिलकर उनसे सीखकर उनके हो गए हैं। अपने विचारों-विश्वासों को साथ लेकर आए हैं। अपने विचार यहां वालों को दिए हैं। यहाँ के विचारों को अपना लिया है। दोनों के मिलने से तीसरे किस्म के सभ्य विचार बने हैं। एक नई संस्कृति पैदा हुई है।

किसी चीज़ पर जब दूसरी चीज़ का धक्का लगता है तब उसमें गति होती है। वह चल पड़ती है। जब एक देश की सीमा पर दूसरे देश के लोग आ खड़े होते हैं। एक-दूसरे को घूरते हैं। फिर लड़ पड़ते हैं। जो हारते हैं साथ रहने लगते हैं, घुल-मिल जाते हैं। पहले उनके रहने-सहने के तरीके, धर्म, विचार अलग-अलग थे, भिन्न-भिन्न। अब वे भिन्न-भिन्न नहीं रहे, एक हो गए। आपस में नज़दीक, अपने परायों से मिलते-जुलते पर दूर। संस्कृति ने एक नया कदम लिया, नई मंज़िल पा ली।

भारत में अनेक जातियां बाहर से आईं, यहां वालों से

लड़ीं, तोड़ा-फोड़ा, बरबाद किया, फिर सभी मिलकर एक हो गईं। यही मिली-जुली संस्कृति हमारी बपौती हुई, हमारे गर्व और गौरव की बात। जब-जब नई जातियों से हमारा वैर या प्रेम का सम्बन्ध हुआ, तब-तब हममें नई चेतना आई, नया जीवन आया, हमें नई शक्ति मिली। हमारी संस्कृति की कहानी नई जातियों के हमसे मिलने से बनी इसी नई चेतना, नये जीवन, नई शक्ति की कहानी है।

2

आग का इस्तेमाल सीखता है।

संस्कृति उतनी ही पुरानी है जितनी सभ्यता। क्योंकि किसी न किसी रूप में विचार का झटका लगता ही रहता है। आदमी आग का प्रयोग सीखकर सभ्यता की एक कड़ी जोड़ता है। पर तभी उसका यह मानना कि बिना पकाया खाना जंगलीपन है, संस्कृति की पहली नींव रखता है। सर्दी से बचने के लिए वह जानवरों की खाल या पेड़ों के छाल-पत्ते पहनता है, सभ्यता की दिशा में एक डग भरता है। फिर बचाने के लिए तन को ढंकना या अच्छा लगने के लिए खाल को साफ, चिकना कर पहनने की रुचि संस्कृति को जन्म देती है। निहत्था इन्सान पंजों, दाढ़ों, सूंड़ों वाले बड़े-बड़े भयानक जानवरों को मारने के लिए

खाल या पेड़ों की छाल पहनता है।

पत्थर घिसकर जो हथियार बनाता है, वह सभ्यता की खोज है। पर वही जब उस हथियार की मूठ पर कोई मनोहर रूप खींच देता है, तब वह संस्कृति की ओर बढ़ता है। शिकार में सफल होने के लिए गुफा में रहने वाला जंगली इन्सान गुफा की दीवार पर लकीरों में शिकार की शक्ल बनाकर जब उसे बाण या भाले से मारा जाना दिखाकर टोना-जादू करता है, तब वह सभ्यता का विकास

पत्थर घिसकर बने हथियार हैं।

करता है। पर वही जब दीवार पर खिंची लकीरों को रंग देता है, खाली जगह में रंग भर देता है, तब संस्कृति रूप

लेती है। आदमी किसी अज्ञात डर से माथा टेक देता है, पशु-बलि, नर-बलि देता है, सभ्यता धर्म की आड़ में आगे बढ़ती है, पर उसी डर के आधार पर जब वह पूजा के धूप-नैवेद्य चढ़ाकर प्रार्थना द्वारा देवता को रिझाता है, तब संस्कृति बढ़ती है। चारों ओर की चीज़ों को देखकर वह चकित होकर पूछता है—ये कहां से आईं ? इन्हें किसने

पशुओं की बलि देता है।

बनाया ? ये फिर कहां जाएंगीं ? तब वह वस्तुओं-स्थितियों को जंगली मानव की तरह उपयोग नहीं करने लगता, यह ज्ञान उसकी सभ्यता का बोधक है। पर जब वह अपने ही सवालों का जवाब देने लगता है, तब दर्शन का आरम्भ

होता है, जो संस्कृति की जान है।

हमारे देश की सभ्यता और संस्कृति की कहानी बड़ी रोचक है। हज़ारों-हज़ारों बरस पहले हमारे देश में भी और देशों की तरह, आदमी आहार की तलाश में जंगलों में भटकता है। उसका शिकार दूसरे खूंखार जानवर करते हैं, वह दूसरे जानवरों का आखेट करता है। जान का कोई मूल्य नहीं है। वह आज है, कल नहीं। आदमी निहत्था है; प्रकृति ने उसे और जानवरों की तरह न तो सींग दिए हैं, न नाखूनी पंजे, न दाढ़, पर उसे हाथ ऐसे दिए हैं कि उनकी मदद से वह दुश्मनों से अपने बचाव के लिए हथियार बना लेता है—पत्थर, हड्डी आदि के हथियार, जिन्हें वह घिसकर तेज़ कर लेता है।

पहले उसके पास भाषा नहीं, केवल कुछ आवाज़ें हैं—प्यार और मित्रता की आवाज़ें, कोमल, क्रोध-भरी और वैर से कठोर आवाज़ें। निहत्थों की ही उसकी दुनिया है—नर-मादा, बच्चे। ऐसे ही दूसरे नर-मादा और बच्चे। लोग पहले पेड़ों पर रहते हैं, बन्दर की ही तरह तेज़ी से एक डाली से दूसरी डाली पर उछल जाते हैं। फिर पहाड़ों की गुफाओं में रहने लगते हैं। नंगे रहते हैं पर जाड़ों में मरे शिकार की खाल लपेट लेते हैं। नदी की सतह पर बहती लकड़ी को देख उस पर बैठ कर बहने लगते हैं, मछली मारकर आहार भी करते हैं। उन्हें एक प्रकार का समय-चक्र या ऋतुओं का एक के बाद एक कर लौटना भी मालूम है। जंगली आग में जले जानवरों का मांस खाकर सीख लेते हैं कि भून कर खाना ज़्यादा स्वादिष्ट है। स्वयं जलाकर आग का इस्तेमाल भी सीख लेते हैं। यह पुराने पत्थर का युग है, जब तांबा, लोहा वगैरह धातुओं का प्रयोग इन्सान को नहीं मालूम

था। वह केवल पत्थर का ही उपयोग करता था। ऐसे आदमियों की, शिकार करती हुई तस्वीरें मिर्जापुर की गुफाओं में पाई गई हैं।

बहती लकड़ी पर बैठकर बहना।

युग बदलता है। आदमी अपने हथियार चिकने और सुन्दर करता है। वे हैं फिर भी पत्थर, हड्डी या हाथी दांत के ही। पर अब वे पहले से धारदार हैं, अधिक काम के हैं, तेज़ हैं। उन पर एक प्रकार की पॉलिश भी है, उनकी मूठ पर लकीरों से तस्वीरें बनी हैं। यह नये पत्थर का युग है। इन युगों के नाम आहार की खोज के तरीकों से पड़े हैं। मनुष्य-जाति का इतिहास ज़िन्दगी की सुन्दर-सुन्दर बातों के होते हुए भी ज़्यादातर आहार के इन्हीं बदलते तरीकों का इतिहास है। जैसे-जैसे आहार पैदा करने के तरीके, उसके साधन बदलते जाते हैं, वैसे ही वैसे युग भी बदलता जाता है, उसके रहने के तौर-तरीके, समाज, सब बदलते जाते हैं।

पत्थरों के नये युग का आदमी भी कुछ कम जंगली नहीं है। पर अब वह बहुत आगे बढ़ गया है। उसने अपने

रहने-सहने में बड़ा फर्क ला दिया है। क्रान्ति ला दी है। अब वह अपने आहार के लिए केवल हिंसक जानवरों के शिकार ही नहीं करता, घास-पत्ती खाने वाले जानवर, गाय, बैल, भेड़, बकरी भी पालता है। इससे जानवरों की संख्या

पशु भी पालता है।

में कमी नहीं होती और आहार बराबर मिलता रहता है। अब वह अकेला नहीं कि इधर-उधर भटकता फिरे। पशुओं को लेकर आना-जाना पहले की तरह आसान नहीं, इससे वह दल बनाकर बहुत काल तक एक ही जगह रहने लगता है। साथ ही उसकी सूझ ने धीरे-धीरे यह भी बता दिया है कि वह अन्न भी उगा सकता है। आदमी फिर खेती भी करने लगता है; वह ज़मीन गोड़ कर बोता है, पीछे हल बनाता है, जिसका फाल पत्थर और हड्डी का है। फसल खड़ी करके वह उसे छोड़ नहीं सकता। बार-बार नया खेत बनाना भी आसान नहीं, इससे वह एक ही जगह अधिक समय तक बसकर रहने लगता है। उसके गांव बस जाते हैं। इन गांवों में अनेक कुल हैं, कुलों से कबीले बनते हैं। एक कुल दूसरे कुल से लड़ता है, एक कबीला दूसरे से, एक गांव दूसरे गांव से। भीतर शान्ति है, बाहर खतरा है।

सबकी एक साथ ज़मीन है, एक साथ चरागाह हैं।

हल बनाता है।

आहार अब केवल शिकार, मछली, जंगली फल और अन्न का ही नहीं, अपने बूते उपजाई फसल का भी है। साथ ही जानवरों से उसे दूध, पनीर आदि भी मिलने लगा है। वह बुने हुए पत्ते, पेड़ों की छाल और जानवरों की खाल पहनता है। सामान रखने के लिए चगेलियां बुनता है। वह चाक का इस्तेमाल जान गया है, जिससे बर्तन भांडे भी बना लेता है। जानवरों पर माल ढोता है, बैलगाड़ी पर भी, क्योंकि वह अब अपने इस ज्ञान का फायदा उठाने लगा है कि गोल पहिया ही चपटी ज़मीन पर दौड़ सकता है। पशु पालन, खेती और चक्के का इस्तेमाल इस नये आदमी की अब तक की सबसे बड़ी खोजें हैं। अब वह बहुत फुरसत का आदमी है, जिसके पास खाने से बचा सामान है, जिसे वह कल के लिए बचाकर रख सकता है। पर तभी चोरी का आरम्भ होता है, फालतू माल की चोरी का। और जिसके पास बचत है, वह

वह छाल और खाल पहनता है।

चाक का इस्तेमाल जान गया है।

उसे बचाने के लिए अपने जैसों के साथ कुछ नियम बनाता है। आदमी के ये नियम उसके पहले कानून हैं। सभ्यता की मंज़िल और भी आगे सरक जाती है। पर अब की मेहनत और भी जी-तोड़ है। प्रकृति से खासी लड़ाई है, पर आदमी है जो उसे भी जीत लेता है। खेती दैव पर कायम है। ज़मीन जोतने-बोने के लिए पानी चाहिए पर मेघ का क्या— कभी बरसा, कभी न बरसा, आदमी आसमान का ही मुंह नहीं ताकेगा। उसने रात के अंधेरे को चिराग से जीता है, वह दिन की यह मुश्किल अक्ल से जीतेगा। बड़े-बड़े गड्ढों में बरसात का पानी रोक कर वह उससे वर्षा के अभाव में खेत सींचता है। पर इतने से ही उसे संतोष

प्रकृति से खासी लड़ाई है।

नहीं होता। वह नदी-नालों को बांधकर उनका जल झील में बदल देता है। आज तक संसार में जितने बांध बन रहे हैं, उनका पहला बनाने वाला वही द्रविड़ सभ्यता का आदमी है। उन झीलों से सिंचाई के लिए वही नहरें निकालता है।

अंधेरे को चिराग से जीतता है।

बांध सबसे पहले उसी समय बनता है।

वह तंगी का जीवन नहीं बिताता। नदियों को वह जीत

चुका है। अब वह पृथ्वी की छाती फाड़ उसके रत्न निकाल लेता है—सोना, चांदी, तांबा, टीन। वह धातुओं का जीवन पहली बार शुरू करता है। इन धातुओं से ही उसे सन्तोष नहीं होता। उन्हें ढाल कर एक दूसरे में मिलाकर नई वस्तुएं बनाता है। जैसे तांबा और टीन मिलाकर कांसा। उसके बाद का युग कांसे का युग है।

पृथ्वी की छाती फाड़कर धातु निकालता है।

इस तीसरी मंज़िल के आदमी का जीवन जंगलीपन से बहुत दूर है। शायद उसका अपना कुनबा है, बीवी है; जिससे उसकी शादी हुई है। वह उसे दूसरों से बचाता है, उसके लिए मर मिटता है। एक की बीवी दूसरा न उठा ले, इसके लिए वह कानून बनाता है। पहली बार व्यभिचार,

यानी दूसरे की बीवी हड़प जाना, पाप कहलाता है। लाखों बरस पहले, औरत मर्द से अधिक मज़बूत थी। मालिक वह

रत्न निकालता है।

थी, मर्द उसका मुंह ताकता था। अब आदमी उससे मज़बूत है, घर का मालिक है वह।

आदमी अपने घर मिट्टी से बनाता है, उसे फूस से छापकर गीली मिट्टी से लीप देता है। घरों के समूह को गांव कहता है, गांव की दुश्मनों से रक्षा के लिए उसको दीवार से घेर कर किलेबन्दी करता है। वह कपास उगाता है, रुई का कपड़ा घर पर बनाकर पहनता है। उसके पास भेड़ें हैं, उनकी ऊन से भी कपड़ा बनाता है। अपने भांडे-

बर्तनों की नये पत्थर युग के आदमियों से भी सुन्दर रंगाई करता है, उन पर सुन्दर चित्र बनाता है।

पहले औरत मजबूत थी, अब आदमी मजबूत है।

वह अब सोचता भी है। पौधा कल छोटा था, आज बड़ा कैसे हो गया, विशाल पेड़–कैसे ? झरना कलकल बहता है, उसकी बनाई नदी आदमियों- जानवरों को बहा ले जाती है, निगल जाती है– कैसे? तूफान में तड़प क्यों है? सांपफुंफकार कर काटता है और आदमी-मवेशी मर जाते हैं। कैसे ? इन सबमें कुछ-न-कुछ है। कुछ डरावना, कुछ बलवान। इस तरह वह सोचता है और उन्हें पूजने लगता है–पेड़ को

गीली मिट्टी से घर को लीप देता है।

किलेबन्दी करता है

भी, झरने-नदी को भी, सांप को भी और उनको भी जो मर गए। क्योंकि वे कहां गए, वह समझ नहीं पाता। समझता है, कहीं हैं। इससे वह उन्हें भी पितर मानकर पूजता है। जो खाता है, उन्हें भी खिलाता है। उन पर जानवर, आदमी तक की बलि चढ़ाता है।

भांडे बर्तन रंगता है

इस प्रकार से धर्म का जन्म होता है। आदमी का अचरज से सवाल करना और सोच कर उसका जवाब देना, उन विचारों की नींव डालता है, जिन्हें लोग आज 'दर्शन' कहते हैं। 'दर्शन' यानि देखना। आखिर विचार भी तो एक तरह से देखे ही जाते हैं।

झरने और सांप को भी पूजता है

इस युग की सभ्यता को विद्वान, द्रविड़-सभ्यता कहते हैं। पर द्रविड़ अपने ही देश के थे या बहुत पहले कहीं बाहर से आए थे, कोई नहीं जानता।

3

धीरे-धीरे अपनी सभ्यता उस मंज़िल पर पहुंची, जिसे तांबे या कांसे का युग कहते हैं। इस युग की सभ्यता दक्षिण, पंजाब और सिन्ध में अधिकतर सिन्धु नदी की घाटी से फैली थी, इसी से इसे सिन्धु घाटी की सभ्यता भी कहते हैं। इस सभ्यता के खंडहर पंजाब के मांटगोमरी ज़िले के हड़प्पा, और सिन्ध के लरकाना ज़िले के मोहनजोदड़ो में मिले हैं। यह सभ्यता आज से करीब पांच हज़ार साल पहले जीवित थी।

इन खंडहरों को देखने से पता चलता है कि यह सभ्यता नागरिक थी। उसका जीवन शहरी था और शहर खास किस्म से बने थे। एक-दूसरे को काटती हुई सड़कों पर खड़े आग और धूप में पकाई ईंटों के बने अधिकतर दोमंज़िले मकान थे। उनमें रहने-नहाने के कमरे थे, छतें थीं, कुएं थे, पानी बहने के लिए नालियां थीं, कूड़ा फेंकने का इन्तज़ाम था। नगर में रहने वालों के नहाने के लिए बड़े-बड़े तालाब थे, जिन्हें कुएं के पानी से नल द्वारा भरा और खाली किया जाता था।

लोगों का रहन-सहन सादा था। खेती उनकी खास जीविका थी, वैसे दूर-दूर तक उनका रोज़गार फैला था। वे पत्थर के साथ ही धातुओं का इस्तेमाल करते थे, खास कर तांबे और कांसे का। उन्हीं से बने उनके हथियार भी थे। तब लोहे का पता नहीं था। गहने मर्द-औरत दोनों पहनते थे। सोने, चांदी, पीतल, हाथी दांत, मिट्टी आदि के गहने। घर में ही सूत बनता था और करघे पर सूत से

कपड़ा बुन लिया जाता था—खादी की तरह का कपड़ा। वैसे ऊन का इस्तेमाल भी होता था। अनाज के अलावा

पशुपति, शिव

व्यापार का बाट

लोग मांस भी खाते थे। घोड़ों और कुत्तों को छोड़ हाथी, ऊंट, भेड़, बकरी, बैल आदि सभी के मांस खाये जाते थे। रथ में सांड ही जुतते थे। व्यापार में बाट का इस्तेमाल खूब होता था, हज़ारों बाट वहां के खंडहरों में मिले हैं।

एक मुहर पर सींगवाले देवता की मूर्ति पशुओं के बीच बैठी खुदी मिली है, जिससे पता चलता है कि शिव की पूजा किसी न किसी रूप में होती थी, क्योंकि 'पशुपति' शिव का ही एक रूप माना जाता है। शायद शिवलिंग की भी पूजा होती थी और देवी की मूर्तियों की भी। एक मूर्ति ध्यान लगाए लोगों की भी मिली है जिससे पता चलता है कि लोग योग जानते थे। अपने मृतकों को कुछ लोग गाड़ते थे, कुछ जलाते थे तो कुछ जलाकर उनकी राख गाड़ देते थे।

उस काल में भारत की कला, खास कर मूर्ति बनाने की, बहुत बढ़ी-चढ़ी थी। जो मूर्तियां मिली हैं, उनसे साबित होता है कि उस युग की दुनिया में वह सभ्यता काफी बढ़ी-चढ़ी थी, उसकी मूर्तियों की बराबरी आज भी हो सकनी कठिन है। हज़ारों मूर्तियां कांसे, पत्थर और मिट्टी की मिली हैं, जिन्हें देखते ही बनता है। खासकर मोहनजोदड़ो की कांसे की नारी-मूर्ति और हड़प्पा की पत्थर की मूर्ति तो गज़ब की हैं। हज़ारों मुहरें भी मिली हैं, जिन पर अनेक सांडों वाली मूर्ति है, जो आज की दुनिया में भी अपना सानी नहीं रखती। इन मुहरों पर एक प्रक़ार की तस्वीरनुमा लिखावट भी है, जो अब तक पढ़ी नहीं जा सकी। मुहरों का प्रयोग लोग चिट्ठी-पत्रियों पर ठप्पा लगाने के लिए करते थे।

यह सभ्यता संसार की सबसे पुरानी सभ्यताओं में से है। उस काल में कुछ और भी सभ्यताएं संसार में थीं, जैसे मिस्र में, सुमेर में, चीन में। सुमेर की सभ्यता बलूचिस्तान की दूसरी ओर दजला और फरात नदियों के मुहाने पर फैली थी, शायद समूचे बलूचिस्तान में भी। सुमेर की और हमारी यह सभ्यता बहुत मिलती-जुलती थी। इससे कुछ लोग दोनों को सिन्धु-सभ्यता का ही विस्तार मानते हैं। कुछ आश्चर्य नहीं, जो सुमेर की सभ्यता भी द्रविड़ों की बनाई हुई हो।

किसे पता था कि रेत से ढकी सिन्ध की ज़मीन पर कभी गेहूं के खेत लहलहाते थे; एक से एक बढ़कर नगर खड़े थे। लोग शान्ति से रहते और खेती और रोज़गार करते थे। किसी से लड़ना-भिड़ना उन्हें मंजूर न था। पर उनका यह जीवन ज़्यादा चल न सका। एक दिन एक

लड़ाकू जाति आई, जिसने उस सभ्यता को बरबाद कर दिया, उस नागरिक सभ्यता को खत्म कर दिया और उसकी जगह अपने गांव के बल्ले गाड़े। ये बड़े ताकतवर थे, घोड़े पर चढ़कर लड़ते थे, ऊंचे-ऊंचे, गोरे-चिट्टे थे। इनके पास मारने के हथियार तो थे ही, बचने के कवच भी थे, जो यहां वालों के पास न थे। और वह सभ्यता आज से करीब चार हज़ार साल पहले मिट गई।

4

वह सभ्यता मिट तो गई, पर अपनी छाप अपने जीतने वालों पर छोड़ती गई। जीतने वालों ने उनसे बहुत कुछ सीखा। उनका धर्म, टोना-टोटका, योग, सभी कुछ। उनकी नारियां ले लीं। उनसे अपना परिवार भी बढ़ाया। जीतने वाले अपने को 'आर्य' यानी श्रेष्ठ कहते थे।

आर्यों का हाल हमें उनकी धर्म पुस्तक 'ऋग्वेद' से मालूम होता है। ऋग्वेद संसार के सबसे पुराने ग्रंथों में माना जाता है। इसमें छन्द और मंत्र हैं, जिन्हें आम तौर से ऋचाएं कहते हैं। इन्हीं ऋचाओं के नाम पर उस ग्रंथ का नाम ऋग्वेद पड़ा। ऋक् माने ऋचाएं (छंद, मंत्र); वेद माने ज्ञान, इल्म। ऋचाएं और छन्द जो समय-समय पर बने हैं, इकट्ठे कर लिए गए हैं। पर इनको इकट्ठा बाद में किया गया। इकट्ठे किए जाने से उन ऋचाओं की पुस्तक अथवा संहिता बनी जिसके दस भाग हैं, जिसमें से हर एक को मंडल कहते हैं। पूरी संहिता में 1028 सूक्त हैं। एक ही विषय के, एक ही देवता या अन्य कई देवताओं के

लिए कहे छंद जो एक साथ रख लिए हैं, उन्हें सूक्त कहते हैं। छंद, मंत्र या ऋचाएं देवताओं की प्रार्थना या कृपालु राजाओं-रानियों आदि की प्रशंसा में कई कुलों के कवियों ने बनाई हैं। उन कवियों को 'ऋषि' या सच्चाई और धर्म की पहचान करने वाला कहा गया। पुरुष और स्त्री दोनों ही ऋषि होते थे। ऋग्वेद की कविता अत्यन्त सजीव और सुन्दर है, खासकर उषा और वरुण के सम्बन्ध में।

ऋग्वेद से आर्यों के रहन-सहन का पर्याप्त पता चलता है। लगता है, वे धीरे-धीरे अफगानिस्तान से गंगा-

लड़ाई में सुदास जीता

यमुना-घाघरा तक फैल गये थे। काबुल से घाघरा तक के बीच की नदियों के नाम उसमें मिलते हैं। उनकी जाति

कबीलों में बंटी हुई थी, जिन्हें 'जन' कहते थे। उसके 'पञ्चजन' प्रसिद्ध थे। वे आपस में भी लड़ते रहते थे। उनकी तब एक बड़ी लड़ाई हुई थी, दस राजाओं में, जिसमें सुदास जीता था। वह लड़ाई पुरोहिताई के लिए हुई थी। पुरोहिताई में बड़ा धन मिलता था, पर ब्राह्मण उस पर अपना अधिकार जमाए हुए थे, किसी और को उसमें घुसने नहीं देते थे। क्षत्रिय भी उसमें हिस्सा लेना चाहते थे। विश्वामित्र उनके अगुआ थे। दोनों अपने-अपने

सबका मुखिया राजा कहलाता था।

हिमायती राजा बुला लाए। समर छिड़ गया। इस प्रकार का एक उदाहरण परशुराम द्वारा क्षत्रियों के संहार में भी मिलता है। यह ब्राह्मणों-क्षत्रियों की आपसी दुश्मनी, ताकत और धन के लिए, इस देश में बहुत काल तक चलती रही थी। उसकी बात फिर कहेंगे। आर्यों का जीवन सादा, गांव का, किसानों का था। उनका परिवार 'कुल' या 'ग्रह' कहलाता था, उनका समूह 'ग्राम'। अनेक ग्राम मिलकर 'विश' होते थे, अनेक विशों से 'जन' बनता था। इस जन का मुखिया 'राजा' कहलाता था, जिसे जनता चुनती

थी। बाद में राजा एक ही कुल से चुने जाने लगे और राज्य पर इन्होंने पुश्तैनी अधिकार कर लिया। फिर भी वह मनमानी नहीं कर पाता था, क्योंकि पुरोहित, सेनापति और गांव का मुखिया जनता की ओर से उस पर नज़र रखते थे। इसके अलावा जनता की दो सभाएं 'समिति' और 'सभा' नाम की भी थीं, जो उसे मनमानी करने से रोकती थीं। राजा अनुचित आचरण करने से गद्दी से उतार भी दिया जाता था। उसे सही तरीके से प्रजा की रक्षा की प्रतिज्ञा करनी पड़ती थी और वचन से विमुख हो जाने पर उसे राजा बने रहने का अधिकार नहीं रहता था। वह लड़ाई और आक्रमण के समय सेना का संचालन करता था और शांति के समय न्याय और यज्ञ। पुरोहित लड़ाइयों में जीत के लिए पूजा-प्रार्थना करता था, यज्ञ करता था, उसके बदले वह दक्षिणा पाता था, जैसे राजा प्रजा की रक्षा के बदले कर और भेंट।

जनता पशु-पालन करती थी।

परिवार का जीवन सुखमय था। विवाह का रिवाज चल जाने से क़ई प्रकार के सम्बन्धी बन गए थे। आम तौर से

एक आदमी एक ही औरत से ब्याह करता था, पर राजा, धनी-मानी और पुरोहित-ऋषि अनेक ब्याह भी करते थे। रानी का स्थान काफी ऊंचा था। उसे पढ़ने, यज्ञ करने का अधिकार था। वह लड़ाइयों में भी जाती थी। अनेक बार उसकी वीरता की ऋग्वेद में बड़ी प्रशंसा हुई है। अनेक ऋषि औरतें भी थीं।

साधारण जनता खेती और पशु-पालन करती थी। कुछ लोग लड़ने-भिड़ने का काम करते थे। उन दिनों अकसर लड़ाइयां होती थीं, जिससे विशेषकर बाहर से आये आर्यों को हमेशा कमर कसे रहना होता था। अधिकांश व्यापार

औरतें पानी भरने का काम करती थीं।

चीज़ों की अदला-बदली से होता था। गाय भी कीमत के रूप में जब-तब ली जाती थी। गांव में बढ़ई, लुहार, सुनार, नाई, चमार सभी थे। सीने-पिरोने, चटाई-कपड़े बुनने, गाय दुहने, पानी आदि भरने का काम अधिकतर, औरतें करती थीं। पर कोई पेशा छोटा नहीं माना जाता था। श्रम की खासी कदर थी।

कपड़ा अधिकतर ऊन का बनता था। नीचे धोती या सलवार, ऊपर एक वस्त्र और उसके ऊपर शाल। धनियों

कपड़ों पर सुनहरा काम भी होता था।

के कपड़ों में सुनहरा काम भी किया होता था। नाचने वाली औरतें पेशवाज पहनती थीं। नर-नारी दोनों कानों में बाली, हाथ-पैरों में कड़े, गले में हार आदि पहनते थे। लोग बालों में तेल डालते और कंघा करते थे।

नारियां अपने बालों की चोटियां गूंथती थीं। कुछ मर्द सिर और दाढ़ी मुंडा लेते थे, अनेक पुरुष बाल और दाढ़ी रखते थे।

आर्य अन्न, दूध, दही, घी, मांस सभी खाते थे। पर धीरे-धीरे गाय राष्ट्र का धन समझी जाने लगी, अवध्य

नारियां बालों की चोटियां गूंथती थीं।

और पूजा की चीज़ भी मानी जाने लगी। लोग सोमरस और शराब दोनों ही पीते थे। सोम एक प्रकार की लता

थी, जिसका रस निकाल लिया जाता था। आर्य गाने-बजाने में निपुण थे, त्यौहारों पर खूब उत्सव मनाते थे। उनका

आर्य गाने-बजाने में निपुण थे।

एक 'समन' नाम का मेला लगता था, जहां नाच-रंग खूब जमता था। रथों और घोड़ों की दौड़ होती थी, युवक और युवती अनेक बार वहीं विवाह के लिए साथी ढूंढ़ लेते थे। जुआ भी खूब खेला जाता था। लोग अपनी बीवी तक को जुए में दांव पर लगा देते थे।

समाज में वेश्या और गुलाम भी थे। गुलाम ज़्यादातर वे पुराने जीते हुए दुश्मन ही थे, जिन्हें आर्य 'दास' या 'दस्यु' कहते थे। उनकी भाषा न समझ सकने के कारण वे उन्हें 'कड़ी बोली वाले' कहते थे। उनको उन्होंने अनेक बार लिंगपूजक, यज्ञ न करने वाले, काले, अनासा या चपटी नाक वाले भी कहा।

वेश्या और गुलाम भी होते थे।

आर्यों का धर्म प्रकृतिवादी था। पृथ्वी, सोम, अग्नि, इन्द्र, वायु, मरुत, पर्जन्य, वरुण, आकाश, सूर्य आदि देवताओं को वे पूजते थे। अपनी प्रार्थना में ऋचाओं का गान करते थे। ऋग्वेद में उषा-सम्बन्धी ऋचाएं अत्यन्त मधुर हैं। अपने यज्ञों में लोग मांस के अतिरिक्त दूध, घी अन्न आदि का भी प्रयोग करते थे।

आर्य कहां से आए, यह कहना तो कठिन है, परन्तु यह भी सही है कि शीघ्र ही वे यहां की जनता में इतने घुल-मिल गए कि दोनों में भेद न रहा। पहले इंच-इंच ज़मीन के लिए जमकर लड़ाई हुई, पर बाद में दोनों मिलकर एक हो गए। कुछ ही काल बाद आपस में शादी-ब्याह के कारण कई अंशों में रंगभेद भी मिट चला और दोनों ने मिलकर भारत में जिस संस्कृति का निर्माण किया, वह अत्यन्त शक्तिशाली थी। वही भारतीय संस्कृति की पहली मज़बूत नींव हुई, जिस पर बाद में सभ्यता का विकास हुआ। घुल-मिल जाने के कारण वही बाद की सभ्यता आर्यों और द्रविड़ों की सगी बपौती हुई। वही आज हमारी भी केन्द्रीय विरासत है।

5

वेद चार हैं—ऋग्वेद, यजुर्वेद, सामवेद और अथर्ववेद। इनमें से पहले तीन का बहुत काल तक इस देश में बड़ा मान रहा। उनका नाम भी आम तौर से उनकी संख्या की वजह से 'त्रयी' पड़ गया। इसमें यजुर्वेद और सामवेद प्रायः ऋग्वेद के ही सूक्तों से बने हैं। अथर्ववेद शायद कुछ पीछे बना। उसमें भी ऋग्वेद के अनेक मन्त्र हैं। इसमें पहले-पहल पुराने और नये भारतीयों की मिली-जुली संस्कृति के बीज पड़े।

इन्हीं के साथ तीन प्रकार के और ग्रन्थ जुड़े हैं—ब्राह्मण, आरण्यक और उपनिषद्। ब्राह्मण वेद के मन्त्रों का अर्थ स्पष्ट करते हैं। इस रूप में वे पुरोहित के कर्मकाण्ड, यज्ञ आदि की कुंजी हैं। उनके नाम से भी पुरोहित ब्राह्मणों से उनका सम्बन्ध प्रकट होता है। उन ग्रन्थों में एतरेय और शतपथ मुख्य हैं। 'आरण्यक' ब्राह्मणों के ही पिछले हिस्से हैं।

ऋग्वेद अपनी प्राचीनता और देवताओं, विशेषकर प्राकृतिक शक्तियों से संबंधित ऋचाओं, प्रार्थनाओं के लिए जाना जाता है। सामवेद के मंत्र अत्यंत गेय हैं। एक तरह से यह गान-विद्या का आदि ग्रंथ है। इसके सुमधुर मंत्र, ऋषियों ने विशेष प्रणाली से गाये। हाथों की भंगिमाओं और स्वर के उतार-चढ़ाव का इसमें बहुत महत्त्व रहा।

यजुर्वेद में यज्ञों से संबंधित बातें अधिक हैं। यज्ञ-विधियों का सांगोपांग वर्णन है, यहां तक कि अग्नि उत्पन्न करने का भी। यज्ञ के लिए अरणियों (लकड़ी के

टुकड़ों को रगड़कर) अग्नि प्रज्ज्वलित की जाती है। यज्ञ हमारी संस्कृति से विशेष रूप से जुड़े हैं। गीता-काल आते-आते यज्ञों का महत्त्व और बढ़ गया। गीता में स्पष्ट कहा गया कि सृष्टि के साथ ही यज्ञ का विधान हुआ और मानव के पालन-पोषण और उत्थान के लिए ही ब्रह्मा ने उनकी व्यवस्था की। इनसे देवता प्रसन्न होते हैं और प्रसन्न देवता प्रजा को अर्थात् हमें प्रसन्नता और समृद्धि प्रदान करते हैं। इस तरह देवताओं और मनुष्यों दोनों का कल्याण यज्ञों से होता है।

यज्ञ वस्तुतः भारतीय संस्कृति की पहचान हैं।

अथर्ववेद एक व्यावहारिक ग्रंथ है। इसमें जीवनोपयोगी प्रायः सभी बातें हैं, यहाँ तक कि सन्तानोत्पत्ति की विधि से लेकर उसके पालन-पोषण तक की। कुछ विशेष कष्टों के निवारण की भी विधि यहां मिल जायेगी।

आरण्यकों का नाम आरण्यक इसलिए पड़ा कि ये अरण्यों अर्थात् जंगलों में रचित हुए। इन्हें ही उपनिषद् कहते हैं। 108 प्रमुख उपनिषद् हैं। इनमें कठोपनिषद्, छान्दोग्योपनिषद्, ईशावास्योपनिषद्, बृहदारण्यकोपनिषद् विशेष महत्त्वपूर्ण हैं।

उपनिषद् को ब्रह्म-विद्या भी कहते हैं क्योंकि ब्रह्म-संबंधी विचार का आरोपण वेदों में ही हुआ था। उपनिषदों में उसका अन्वेषण हुआ। आत्मा-परमात्मा के संबंधों का विश्लेषण इनमें प्रचुरता से प्राप्त है। गीता काव्य तक आते-आते यह विचार पूरी तरह पुष्ट हो गये थे।

उपनिषद् हमारी संस्कृति के प्राण हैं। इनमें नारियों के महत्त्व को भी प्रतिपादित किया गया है। कात्यायिनी और

मैत्रेयी उपनिषदों की ही देन हैं। मैत्रेयी बहुत बड़ी ब्रह्मवेत्ता थीं।

गीता का ज्ञान यद्यपि युद्धक्षेत्र में भगवान श्रीकृष्ण के मुख से कहलवाया गया पर एक तरह से यह उपनिषदों का ही सारतत्त्व है। इसे उनका विस्तार भी कह सकते हैं। गीता को भी 'उपनिषद्' कहकर पुकारा गया है। गीता के हर अध्याय के अन्त में इसके लिए उपनिषद् शब्द भी आया है।

गीता में अठारह अध्याय हैं। महाभारत, जिसमें गीता कही गई, अठारह दिन ही चला था। दोनों ओर की सेनायें भी अठारह अक्षौहिणी थीं। इस तरह अठारह संख्या का महत्त्व महाभारत-काल में बहुत रहा।

इन ग्रन्थों का समय आज से कोई चार हज़ार वर्ष पहले तक चला जाता है। इनसे पता चलता है कि आर्य तब पूरब में बिहार तक और दक्षिण में विन्ध्याचल पहाड़ तक फैल गए थे। वहां उनके बड़े-बड़े राज्य, बड़े-बड़े नगर खड़े हो गए थे—काम्पिल्य, आसन्दीवन्त, कोशाम्बी, काशी। उस काल में सबसे बड़े राजकुल कुरु और पांचाल थे। कुरु सरस्वती के किनारे पानीपत के आस-पास बसे थे। पांचाल गंगा, जमुना के दोआब में। इन बड़े-बड़े राज्यों को जनपद राज्य कहते थे। राजा छोटे, मंझोले, बड़े—कई प्रकार के थे। बड़े राजाधिराज, सम्राट्, चक्रवर्ती आदि कहलाते थे। ये नाम इनकी जीतों और कई तरह के यज्ञों से इन्हें मिले थे।

राजा अब तक कुलागत हो गया था। क्षत्रिय ही राजा होता था और वह अनेक सलाहकारों की सलाह से राज्य

करता था। धर्म के मुताबिक हुकूमत करना उसका कर्तव्य माना जाता था। धर्म या कानूनों के बनाने वाले ऋषि वगैरह थे। परन्तु प्राचीन काल की समिति और सभा अब नहीं थीं, जिससे राजा मनमानी भी करने लगा।

आज की जात-पांत का आरम्भ तब ही हो गया था, पर न उसका यह रूप ही तब था, न इतनी संख्या ही थी। पहले शायद उसका भेद वर्ण या रंग से हुआ, जिससे उसका नाम भी 'वर्ण' पड़ा। गीता में स्पष्ट कहा गया है कि जाति का निर्माण व्यक्ति के कर्म और गुण के आधार पर हुआ। यह शुरू में आर्य और दास का ही अन्तर करता होगा, पर धीरे-धीरे इसके कई खण्ड बन गए। ऋग्वेद में एक सूक्त है जिसका नाम 'पुरुष-सूक्त' है। उसमें ब्राह्मण की उत्पत्ति 'पुरुष' के मुंह से, क्षत्रिय की उसकी बांहों से, वैश्य की उसकी रानों से और शूद्र की पैरों से कही गई है। इससे जान पड़ता है कि तभी से किसी न किसी मात्रा में चारों वर्णों (मूल जातियों) की नींव पड़ गई थी। कम से कम पुरोहित तो पुराने थे ही और जिस तरह ब्राह्मण दूसरों को उस पेशे में नहीं घुसने देते थे, क्षत्रिय भी राजकाज, लड़ाई, वगैरह में अपना एकाधिकार मानने लगे थे। साधारण जन 'विश' कहलाते थे मगर उनमें अभी शादी-ब्याह, खान-पान होते थे। पेशे भी आसानी से बदले जा सकते थे। पर उपनिषद्-काल या पिछले वैदिक युग तक पहुंचते-पहुंचते सब अलग-अलग हो गए। जैसे वर्ण कुलागत हो गए, वैसे उनके पेशे भी। ब्राह्मण का कर्तव्य पढ़ना-पढ़ाना, यज्ञ-कर्म, दक्षिणा लेना माना गया। क्षत्रिय का राज करना, युद्ध करना हुआ। इसी प्रकार वैश्य का खेती, पशु-पालन

और व्यापार हुआ और शूद्र का इन तीनों की सेवा। विवाह अब भी जब-तब भिन्न वर्गों में हो जाया करते थे पर ब्राह्मण अपनी पुरोहिताई में किसी को घुसने नहीं देते थे। ब्राह्मण-क्षत्रियों में काफी द्वन्द्व चला। क्षत्रिय ब्राह्मणों के कर्मकाण्ड के खिलाफ हो गए। ज्ञान को उन्होंने यज्ञ से ऊपर माना। आत्मा और ब्रह्म का रहस्य बताया। उसके दरबार अब ज्ञान के विद्यालय बन गए। वे अब ब्राह्मणों को भी पढ़ाने लगे। उपनिषद्-काल के नेता पंजाब में अश्वपति, पांचाल में प्रवहण जैवलि, काशी में अजातशत्रु और विदेह (मिथिला) में जनक हुए। चारों क्षत्रिय थे। अश्वपति ने श्वेतकेतु के पिता महर्षि आरुणि को पढ़ाया और जनक ने महर्षि याज्ञवल्क्य को। जनक की सभा तो ज्ञान का अखाड़ा मानी जाती थी। गार्गी, मैत्रेयी-सी महिलाएं भी वहां की बहसों में हिस्सा लेती थीं और वैदिक ऋषियों की तरह ब्रह्मवादिनी कहलाती थीं, परन्तु आम तौर से नारियों और शूद्रों का स्थान नीचा होता जा रहा था।

ब्राह्मण-क्षत्रिय का झगड़ा कहीं-कहीं पुरोहित-राजा के झगड़े का रूप भी लेने लगा था। परीक्षित के बेटे जनमेजय और उसके पुरोहित तुरकावषेय के बीच इस तरह का झगड़ा था। तुरकावषेय ने जनमेजय का पुरोहित होते हुए भी उसका यज्ञ भ्रष्ट कर दिया। इस पर राजा के तीनों भाइयों—भीमसेन, उग्रसेन और ऋतुसेन ने हज़ारों ब्राह्मणों को मार डाला, जिससे उन्हें प्रायश्चित्त करना पड़ा।

कर्मकाण्ड में रुद्र और विष्णु प्रधान देवता माने गए। इन्द्र की महिमा घट गई थी। रुद्र का दूसरा रूप शिव स्थापित हुआ। परन्तु उपनिषदों ने इन सबको छोड़कर

ब्रह्म की महिमा का बखान किया। उन्होंने आत्मा-परमात्मा का रूप सामने रखा। हम कहां से आए हैं ? कहां जाएंगे यह दीखने वाला संसार क्या है ? ब्रह्म क्या है ?—आदि विचारकों के सोचने-विचारने के विषय हुए। दर्शन का रूप

शिव विष्णु

अब बनने लग गया। दर्शन ग्रंथों ने ईश्वर का अस्तित्व ही अस्वीकार कर दिया। दर्शन सभी ब्राह्मणों के लिखे थे। प्रायः सभी शुरू में नास्तिक थे। दर्शन छः हैं—कपिल का सांख्य, पतंजलि का योग, गौतम का न्याय, कणाद का वैशेषिक, जैमिनी का पूर्व-मीमांसा और व्यास का उत्तर-मीमांसा। उन्होंने वेदों के सही अध्ययन और सुगमता के लिए भी छः विषय तैयार किए, जिन्हें वेदांग कहा। वेदांग ये थे—व्याकरण, शिक्षा (उच्चारण), कल्प (कर्मकाण्ड),

निरुक्त (शब्दार्थ, जिससे बाद में कोष बने), छन्द (पद्य के नियम) और ज्योतिष। इन विषयों पर बाद तक सूत्र-रूप में ग्रंथ लिखे जाते रहे। सूत्र कहते हैं—सूत या धागे को

विभिन्न पेशों के लोग होते थे।

जिससे थोड़े में ही फैले जाल का पता चल जाए। यह रूप इतना मांजा गया कि कहते हैं, सूत्रकार को एक मात्रा भी बचा लेने से उतना सुख मिलता था, जितना पुत्र उत्पन्न होने से। तभी शायद लिखने का भी आरम्भ हुआ। आज की हमारे देश की प्रायः सभी लिपियां ब्राह्मी से निकली हैं। पर ब्राह्मी में लिखा लेख ईसा पूर्व छठी सदी से पहले का नहीं मिलता और चूंकि मोहनजोदड़ो की लिखावट से उसका कोई संबध नहीं, इसलिए कुछ विद्वानों की राय है कि शायद ब्राह्मी फिनीशी या अस्सीरी कीलनुमा अक्षरों से

विभिन्न पेशों के लोग होते थे।

निकली। सत्य क्या है, अभी नहीं कहा जा सकता।

इस काल के पेशों पर भी यहां एक नज़र डाल लेना उचित होगा। प्रधान पेशा तो पहले की ही तरह कृषि था। व्यापार का काफी विस्तार हो चुका था। सोना, चांदी, सीसा, तांबा, टीन, कांसा, पीतल आदि के अतिरिक्त लोहा भी अब वाणिज्य में प्रयुक्त होता था। सूत, शिकारी, रथकार, कुम्हार, जुलाहे, कसाई, लुहार, सुनार, धुनके, गायक, महावत, वैद्य आदि अनेक पेशों के लोगों का उल्लेख उस काल की पुस्तकों में हुआ है।

सूत्रकाल के ग्रन्थों में पाणिनि का व्याकरण 'अष्टाध्यायी' अत्यन्त प्रसिद्ध है। व्याकरण लिखने वाले पहले भी हुए थे, पीछे भी हुए; पर पाणिनि का-सा वैयाकरण कोई नहीं हुआ। उसने संस्कृत भाषा का रूप निश्चित कर दिया। प्राकृत जन-साधारण की बोली थी और संस्कार यानी शुद्ध की हुई भाषा थी संस्कृत। संस्कृत में ही धर्मग्रन्थ थे, पुरोहित उसी में पूजा करते थे, राजा उसी के माध्यम से राजकार्य करते थे। उसका रूप पाणिनि ने सदा के लिए निश्चित कर दिया।

कल्प-सूत्र तीन प्रकार के हैं : श्रौत-सूत्र, गृह्य-सूत्र और धर्म-सूत्र। श्रौत-सूत्र यज्ञों से सम्बन्ध रखते हैं और गृह्य सूत्र अठारह संस्कारों से। ये संस्कार व्यक्ति के जीवन को, जन्म के पहले से लेकर मृत्यु के बाद तक संगठित करते हैं। इनमें प्रधान जनेऊ (उपनयन), विवाह और अन्त्येष्टि थे। उपनयन-संस्कार का बहुत महत्त्व था। इन संस्कारों से ही ऊपर के तीन वर्ण 'द्विज' यानी दुबारा जन्मे हुए माने जाते हैं। धर्म-सूत्र उस काल के सामाजिक कानून उपस्थित

करते हैं। ये सामाजिक कर्तव्यों का वर्णन हैं। इनमें प्रधान गौतम और आपस्तम्ब के धर्म-सूत्र हैं। इनमें पहला आज से ढाई हज़ार साल पहले लिखा गया, दूसरा उससे करीब सौ साल बाद।

सूत्रों के काल तक वर्ण तो पूरी तरह स्थापित हो ही गए थे, उनके खान-पान, शादी-ब्याह सम्बन्धी नियम कानून भी बन गए थे, आश्रमों की भी तब पूरी-पूरी व्यवस्था हुई। आश्रम चार माने गए—ब्रह्मचर्य, गृहस्थ, वानप्रस्थ और संन्यास। इस प्रकार आदमी के जीवन के चार हिस्से

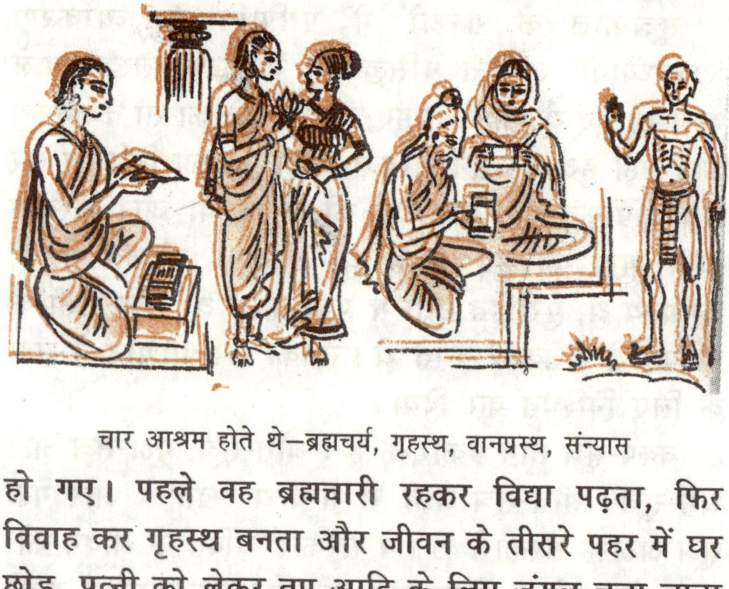

चार आश्रम होते थे—ब्रह्मचर्य, गृहस्थ, वानप्रस्थ, संन्यास

हो गए। पहले वह ब्रह्मचारी रहकर विद्या पढ़ता, फिर विवाह कर गृहस्थ बनता और जीवन के तीसरे पहर में घर छोड़, पत्नी को लेकर तप आदि के लिए जंगल चला जाता और अन्त में संन्यास लेकर सब कुछ छोड़कर उपदेश करता फिरता। अब वर्णाश्रम-धर्म समाज का संचालन करने लगा। सबके अपने-अपने नियम बन गए जिनसे गिरना बड़ा भारी सामाजिक अपराध माना जाने लगा।

वर्णाश्रम धर्म की पुष्टि रामायण-महाभारत में भी मिलती है जो आदर्श के रूप में देवताओं और अवतारों का चरित्र लेकर हमारे सामने आए। उनकी संस्कृति भी राज संस्कृति थी, परन्तु राजा न्याय करते समय न केवल मंत्री की राय लेता था, बल्कि कुल, जाति, श्रेणी, पूग आदि के नियमों का ध्यान रखता था। श्रेणी, शिल्पियों, व्यापारियों आदि के संघ थे। पूग भी उसी प्रकार जातीय सभा थी। इनका उल्लेख धर्मसूत्रों में भी मिलता है। महाभारत में गणों और संघों का भी बखान है। गण जनता के प्रतिनिधियों के राज्य को कहते थे, संघ कई गणों के मिलने वाले राज्यों को। अब तक समाज के भीतर, कुल के भीतर, सबके आपसी सम्बन्ध निश्चित हो चुके थे। पिता-पुत्र, भाई-भाई, पति-पत्नी, सभी के। रामायण-महाभारत ने उसका विशेष स्वरूप रखा। समाज को अब नियमबद्ध रूप मिला। सबको अपना-अपना कर्तव्य और अपनी-अपनी सीमाएं मालूम थीं।

इस स्थिति का और भी खुला रूप स्मृतियों में मिला। स्मृतियां कई बनीं। स्मृति धर्मशास्त्र का दूसरा नाम है। स्मृति माने वह जो याद रह गया हो। सुने हुए (श्रुति) ज्ञान की, वेद की याद। वेद सुनकर ही याद रखे गए थे, लिखने का चलन अभी नहीं था। मतलब कि धर्मशास्त्र वेदों के अनुकूल राह दिखाते थे। धर्मशास्त्रों में और भी विस्तार के साथ वर्णाश्रम-धर्म बताया गया है। उनमें अपराधों का दण्ड भी बताया गया है। वे कानूनी किताबें हैं, जिनमें कर्तव्य, अधिकार और दण्ड तीनों बताए गए हैं। उनमें नारी को पूजनीया तो बताया गया है, पर उन्हें सचमुच

कोई अधिकार नहीं दिए गए। उनको गवाही देने का, स्वतन्त्र रूप में संपत्ति रखने का हक नहीं है। वे केवल स्त्री-धन पा सकती हैं। आठ से बारह वर्ष तक ही उनका विवाह कर देने पर ज़ोर दिया गया है।

धर्मसूत्रों और धर्मशास्त्रों से समाज की बड़ी जकड़ी हुई स्थिति मालूम होती है। इसका कारण यह है कि तब भारत का संबंध अनेक विजातियों से हुआ था। सीमा पर हमले हो रहे थे, ग्रीक और शक भीतर तक घुस आए थे। काफी पहले ईरानियों ने दीर्घकाल के लिए पंजाब और सिन्ध पर अधिकार कर लिया था। साथ ही बौद्ध, जैन धर्मों ने जो वर्णाश्रम धर्म पर हमला कर सबकी बराबरी की बात कही थी, उससे ब्राह्मण भयभीत हो गए थे। उन्होंने इसी से अनेक नियम-उपनियम बनाकर समाज और व्यक्ति को, वर्णाश्रम धर्म को पवित्र और कायम रखने के लिए विवश कर दिया। प्रधान स्मृतिग्रंथ मनु, याज्ञवल्क्य और नारद के थे।

6

आज से करीब ढाई हज़ार वर्ष पहले संसार-भर में धार्मिक हवा बही थी। चीन में, ईरान में, हिन्दुस्तान में। उपनिषदों का ज्ञान तो फैल ही रहा था, दूसरे बहुतेरे सत्य-अन्वेषी भी घर-द्वार छोड़ लोक-कल्याण का उपाय ढूंढ़ने निकल पड़े थे। इनमें विशेष प्रसिद्ध महावीर और बुद्ध हुए। दोनों क्षत्रिय थे, दोनों वेद-विरोधी, संस्कृत-विरोधी, वर्णाश्रम-धर्म-विरोधी और ब्राह्मण-विरोधी थे। दोनों

उपनिषदों की परम्परा में यज्ञों के विरोधी थे। दोनों ने घर छोड़ तप साधा और अपने-अपने तरीके से सत्य की खोज कर उसका प्रचार किया। दोनों ने अहिंसा और दया को अपने उपदेशों में ऊंचा स्थान दिया और अपने-अपने संघों

महावीर

में सभी जाति के लोगों को बराबर का दर्जा दिया। संस्कृत ब्राह्मणों की भाषा थी जिसे ये लोग जनता पर थोपी हुई भाषा मानते थे। उसे छोड़ दोनों ने लोगों में जन-बोलियों के जरिये अपने सन्देश सुनाए, जिससे वे उनमें आसानी से फैल गए। पाली इनमें प्रसिद्ध थी। महावीर और बुद्ध दोनों चूँकि पंचायती राज्यों से आए थे, उनमें मनुष्य-मनुष्य के लिए समता का विचार था।

महावीर ने तप को ऊंचा स्थान दिया, उसी प्रकार अहिंसा को भी। बुद्ध ने तप और भोग के बीच का मध्यम मार्ग सुझाया। महावीर का धर्म कठिन होने से देश के बाहर न जा सका। इनमें विदेश यात्रा भी वर्जित थी। आज भी देश में उनके पीछे चलने वाले जैनियों की संख्या

अधिक नहीं है, उसका प्रचार कुछ धनी वैश्यों में ही है। बुद्ध का धर्म गृहस्थ का त्यागमय साधारण धर्म था, इसीलिए यह घर-बाहर सर्वत्र फैला। संसार के कम धर्मों के इतने अनुयायी हैं, जितने बौद्ध धर्म के हैं। उनके उपदेशों में सच्चे, दयावान जीवन की ओर आग्रह था। उनसे ब्राह्मण धर्म को बड़ा आघात पहुंचा। धर्मसूत्रों की सारी इमारत ऊंच-नीच पर खड़ी थी, उस पर बुद्ध ने बड़ा आघात किया। ब्राह्मणों के यज्ञ, वेद, भाषा, समाज-संगठन, सभी की जड़ें हिल गईं।

कृष्ण अर्जुन राम

उन्हीं दिनों भागवत धर्म का भी प्रचार हुआ। विष्णु के अवतारों की पूजा शुरू हुई। वासुदेव कृष्ण, राम आदि भगवान के रूप में पूजे जाने लगे। रामायण और महाभारत उसी पूजा के परिणाम थे। एक में राम की महिमा गाई गई, दूसरे में कृष्ण की। भागवत धर्म वैष्णव धर्म का ही दूसरा नाम था। इस धर्म में भी बौद्धों की तरह हर जाति

के लोगों को आने की इज़ाज़त दी गई।

चन्द्रगुप्त

इन समतावादी धर्मों के प्रचार का नतीजा यह हुआ कि नीचे की जातियां ऊपर उठीं और एक बार मगध के क्षत्रियों की गद्दी पर शूद्र राजा नन्द बैठ गया। ब्राह्मण-क्षत्रियों की आपसी लड़ाई चल रही थी। क्षत्रिय, उपनिषद्, जैन, भागवत धर्मों ने ब्राह्मणों की बड़ी क्षति की थी, इससे उन्होंने उठती हुई नई ताकत—शूद्रों—की सहायता की। नन्द के दोनों मंत्री ब्राह्मण थे और नन्द ने जब सारे क्षत्रिय राजाओं का नाश कर भारत का पहला मगध-साम्राज्य कायम किया तब उसने ब्राह्मण मंत्रियों को भी स्थान दिया। पर जल्दी ही ऐसा लगा कि उससे वर्णाश्रम-धर्म का भी कुछ कम नुकसान नहीं होगा। इससे उस उठती हुई नई शक्ति को रोकने के लिए ब्राह्मण चाणक्य ने क्षत्रिय चन्द्रगुप्त की सहायता से नन्द को उखाड़ फेंका और शूद्रों के विरुद्ध अपनी प्रसिद्ध पुस्तक 'अर्थशास्त्र' में अनेक नियम बनाए। उन्हीं दिनों सिकन्दर हिन्दुस्तान पर हमला करके लौटा था। बाद में जब चन्द्रगुप्त मौर्य जैन हो गया तो ब्राह्मणों से मेल समाप्त हो गया।

उसके पोते बौद्ध अशोक ने यज्ञों को बिल्कुल बन्द करवा दिया और अहिंसा और दया की ज़बरदस्त हवा बहाई। उसने अपने राज्य में सभी धर्मवालों को बसने का

अशोक

आदेश दिया। लड़ाई के खिलाफ उसने इतिहास में पहली आवाज़ उठाई यद्यपि पहले वह घोर लड़ाकू था। उत्कल के युद्ध में उसकी सेना ने हज़ारों की हत्या की। इसी प्रतिक्रिया में अशोक अहिंसक बना। सिकन्दर के झंडे के नीचे ग्रीकों ने हिन्दुस्तान पर हमला किया था, उसने उसका अच्छा बदला लिया।

उसने ग्रीक राजाओं के राज्य में बौद्ध धर्म और दया की संस्कृति फैलाई। भारत की संस्कृति क़ी यह गजब की चोट थी, शत्रु को प्यार से जीतने की। उसने बौद्ध धर्म का देश के बाहर भी अनेक दूत भेजकर प्रचार किया। यह भी इतिहास का पहला बड़ा काम था।

बौद्ध दूत

पर उससे ब्राह्मण-धर्म की हानि हुई। उसका पोता अब ज़बर्दस्ती गुजरात के लोगों को जैन बनाने लगा। इसी समय आमू दरिया से ग्रीकों ने भारत पर हमला किया और

घुसते हुए मगध की राजधानी पाटलिपुत्र (पटना) तक चले गए। फिर मौर्यों के अन्तिम राजा बृहद्रथ को उसके पुरोहित-सेनापति पुष्यमित्र नें मार कर ब्राह्मण-साम्राज्य की स्थापना की। यह उसी ब्राह्मण-क्षत्रिय लड़ाई का क्रम था जिसके सिलसिले में पहले वशिष्ठ, परशुराम हुए थे। इसी काल में महर्षि पतंजलि अपना योग दर्शन और पाणिनि 'अष्टाध्यायी' पर अपना 'महाभाष्य' लिख रहे थे। पुष्यमित्र की विजय उनकी सलाह का फल था। पुष्यमित्र ने ब्राह्मण धर्म को फिर से फैलाया। यज्ञ जारी किए, संस्कृत को राजभाषा बनाया, मनुस्मृति लिखवाकर वर्णाश्रम धर्म की फिर से प्रतिष्ठा की। कुछ ही काल पहले भगवद्‌गीता लिखी गयी थी जो कृष्ण को सब देवों का देव बना चुकी थी। मनुस्मृति ने ब्राह्मणों को पृथ्वी का देवता घोषित किया।

कला की उन्नति इस काल में चरम पर थी। जब-जब संस्कृतियां घुलीं-मिलीं, तब-तब जीवन ऊंचा उठा। ईरानियों का राज्य बहुत काल तक पंजाब और सिन्ध पर रहा था। अशोक के कुछ ही काल पहले तक ईरान मूर्तियां बनाने में संसार में अद्वितीय रहा था–दर्पण की सी चमकती सांडों व शेरों की मूर्तियां, जिनकी छाप हमारी अशोक लाट की मूर्तियों पर काफी हद तक उतर आई। ईरान के बादशाह दारा की ही भांति उसने भी अपने लेख चट्टानों पर खुदवाए, लाटों पर भी। फर्क इतना ही था कि जहां दारा ने उन पर कहानी लिखवाई थी, अशोक ने प्रेम और अहिंसा के सन्देश खुदवाए। अशोक की लाट की पालिश अत्यन्त उत्कृष्ट है जैसे तांबे की हो।

इसी प्रकार कला का विकास शुंगों के राज में भी खूब हुआ। उस काल में चारों ओर भारत में ब्राह्मणों का राज्य था; उत्तर में पुष्यमित्र शुंग का, दक्षिण में आंध्र सातवाहनों का। दोनों ने कला के क्षेत्र को और बढ़ाया। सातवाहनों ने नासिक में गुफाएं खुदवाईं, शुंगों के समय भरहुत और सांची के अद्‌भुत बौद्ध स्तूप बने, जिन पर कढ़ाई का सुन्दर काम हुआ। नयनाभिराम मूर्तियां खड़ी हुईं, मनोहर और ऊंचे स्तम्भ बने। मिट्टी के खिलौने भी तब सुन्दर से सुन्दर बने। वह काल ईसा से पहले दूसरी, पहली सदी का था।

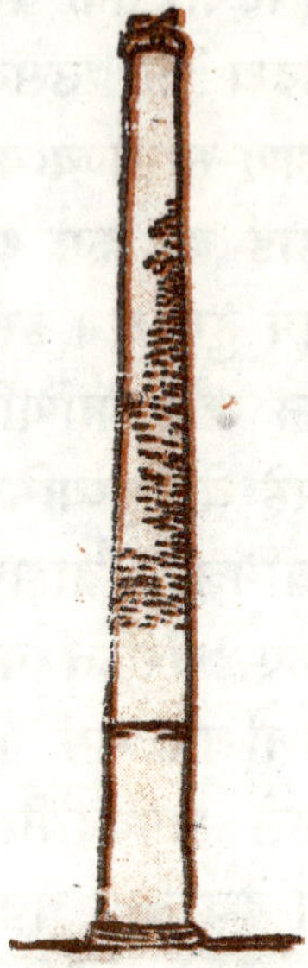

बाद्ध स्तूप

पुष्यमित्र घराने के राज्य के समय ही पंजाब पर ग्रीक अधिकार कर राज्य करने लगे थे। प्रायः दो सौ साल तक वे वहाँ शासन करते रहे। उन्होंने वहां अपनी संस्कृति फैलाई, ग्रीक नाटक खेले, ग्रीक ज्योतिष का प्रचार किया, मूर्तिकला में एक नया तरीका चलाया, जिसे गान्धार शैली कहते हैं। इसी शैली में बुद्ध की पहली मूर्ति बनी। गान्धार की राजधानी तब तक्षशिला थी। तक्षशिला बड़ी प्राचीन नगरी थी, जहां भारत का पहला विश्वविद्यालय कायम हुआ था। वहां का अस्पताल विश्वप्रसिद्ध था और इलाज के लिए दूर-दूर से लोग यहाँ आते थे। पाणिनि और चाणक्य वहीं के पढ़े हुए थे। अब वहां के राजा ग्रीक थे।

उन्हीं दिनों शकों के हमले शुरू हुए जो पाटलिपुत्र तक पहुंच गए। उन्होंने भारत में पांच-पांच जगह अपने केन्द्र

बुद्ध की मूर्ति का मन्दिर

बनाए और भारत का ज्योतिष उनके बढ़ावे से बहुत फूला-फला। उस ज्योतिष का केन्द्र उज्जैन था। उन्होंने ही भारत में सूर्य की पूजा प्रचलित की। भारत की सबसे पुरानी, पहली सदी ईसवी की पहली सूर्य-मूर्ति, जो मथुरा के संग्रहालय में रखी है, सलवार, अचकन और घुटनों तक जूते पहने हुए है—ठीक शकों या कुषाणों की तरह। सूर्य की पूजा के लिए ही शकों ने शाकद्वीपी ब्राह्मणों को मध्य एशिया से बुलाकर इस देश में बसाया। पर हमने कुछ दिनों बाद शकों को पचा लिया और अब यह पता नहीं चलता कि किन जातियों के लोग शक हैं।

उनके बाद उत्तर-पश्चिमी चीन में रहने वाली कुषाण जाति ने भारत पर हमला किया। इन्होंने भी हमारी कला की बड़ी उन्नति की। भारतीय मूर्तियों की प्रसिद्ध कुषाण-कला का नाम उन्हीं के नाम पर पड़ा है। मथुरा और लखनऊ के संग्रहालय उस काल की खूबसूरत मूर्तियों से भरे हैं। कुषाणों का राजा कनिष्क बौद्ध हो गया। उसने अपने समय के सारे विख्यात विद्वानों की सभा की। उसकी

नागार्जुन

सभा में अश्वघोष-से कवि, सुपार्श्व और वसुमित्र-से दार्शनिक, चरक-से वैद्य और नागार्जुन-से तांत्रिक और विद्वान शामिल हुए। अश्वघोष से तो महाकवि कालिदास ने भी बहुत कुछ सीखा और नागार्जुन ने बौद्धों का प्रसिद्ध सम्प्रदाय महायान चलाया।

7

कनिष्क के करीब दो सौ साल बाद नागों और गुप्तों ने उसके उत्तराधिकारियों से हिन्दुस्तान का राज्य छीन लिया। नागों ने तो जब-जब विदेशियों को हराया, तब-तब अश्व-मेध किया। उन्होंने काशी में गंगा के घाट पर दस अश्व-मेध किए जिससे उस घाट का नाम ही दशाश्वमेध पड़ गया। गुप्तों का युग इस देश में बड़ा गौरवशाली माना जाता है। उनके राज्य के विस्तार में, व्यापार में, ज्ञान, साहित्य और कला में इतनी उन्नति हुई कि उस काल को

गुप्त और नाग राजा

स्वर्णयुग ही कहते हैं।

गुप्त भारतीय संस्कृति की दुपहरी का बोध कराते हैं। सब कुछ जो प्राचीन था, घुल-मिलकर इसमें पक गया था।

ईरानी और ग्रीक

द्रविड़, आर्य, ईरानी, ग्रीक, शक, कुषाण सभी भारतीय संस्कृति में अपना सुन्दरतम योग दे चुके थे। वे सब सज-निखरकर हिन्दू या भारतीय होकर इस काल में सामने

आते हैं। 'हिन्दू' शब्द का उचित प्रयोग इस काल की संस्कृति के साथ होना उचित है। अब तक पुराण बन चुके हैं, उनके देवता-देवी, ब्रह्मा, विष्णु, महेश—अपने असंख्य रूपों में प्रकट हो चुके हैं। मंदिर उनकी मूर्तियों से भरे हैं। घर की दीवारें उनके चित्रों से पटी हैं। दसों अवतारों की पूजा होती है। अब बुद्ध की प्रतिमा भी है। बौद्धों-ब्राह्मणों में कोई झगड़ा नहीं रहा। राजा परम भागवत है, पर रक्षक दोनों का समान रूप से है। एक अजब समन्वय का काल है यह। बराबर के शत्रु ब्राह्मण-क्षत्रिय भी एक साथ हैं—अर्थात् समन्वित हिन्दू संस्कृति उसके लिए एक सार्थक नाम है।

चन्द्रगुप्त विक्रमादित्य ने शकों को परास्त कर 'शकारि' नाम धारण किया। इस जीत से मालवा, गुजरात और काठियावाड़ी साम्राज्य के मिल जाने से हिन्दुस्तान पश्चिमी और पूर्वी दुनिया के व्यापार का केन्द्र बन गया। उसके आंगन में अपार धन की वर्षा होने लगी।

साहित्य के मैदान में संस्कृत खूब फलती-फूलती है। बौद्ध तक अब संस्कृत में लिखते हैं। वसुबन्धु और दिङ्नाग उसी भाषा में बौद्ध दर्शन तैयार करते हैं। समुद्रगुप्त स्वयं कवि है, गायक है। उससे बड़ा उसका राजकवि हरिषेण है। पर उसी काल का विष्णुपुराण, समुद्रगुप्त की साम्राज्यवादी विजयों को धिक्कारता है। चन्द्रगुप्त विक्रमादित्य की सभा में 'नवरत्न' हैं। वे कौन-कौन हैं, यह तो नहीं कहा जा सकता, पर उनमें सबसे प्रकाशमान निश्चय ही संस्कृत साहित्य के सबसे बड़े कवि कालिदास हैं। उन्होंने अमर काव्य 'मेघदूत', 'कुमारसम्भव', 'रघुवंश' और 'ऋतुसंहार'

लिखे। अद्‌भुत नाटक 'अभिज्ञान शाकुंतल', 'मालविकाग्निमित्र' और 'विक्रमोर्वशीय' लिखे। अमरसिंह ने अपना 'अमरकोश' लिखा, विशाखदत्त ने 'मुद्राराक्षस' और 'देवीचन्द्रगुप्त'। धन्वंतरि भी शायद तभी हुआ। पुराण भी तभी तैयार हुए। याज्ञवल्क्य-स्मृति लिखी गई। मनुस्मृति फिर से संभाल ली गई। आर्यभट्ट ने ज़मीन की गोलाई नापी और वराहमिहिर ने ज्योतिष के देशी-विदेशी सिद्धान्तों को युग की नीति के अनुसार एकत्रित किया। ब्रह्मगुप्त ने गणित में नाम कमाया।

कला में तो उस युग ने जो कुछ किया, वह न पहले न पीछे, कभी भी सम्भव न हो सका। देवगढ़ और भीतरगांव के ईंट के मन्दिर तो आश्चर्य के नमूने हैं ही, अनेक गुफा मन्दिर बनाकर भी उस युग ने अपनी शिल्प-कला का परिचय दिया। मूर्तिकला तो न केवल संख्या में बहुत सम्पन्न हुई बल्कि रूप में भी अद्वितीय हुई। मथुरा और सारनाथ में बुद्ध की अद्‌भुत मूर्तियां रखी हैं। सबसे अधिक सोचने की बात यह है कि वह युग हिन्दू वैष्णव राजाओं का था, पर बौद्ध मूर्तियां जितनी तब सुन्दर बनीं, उतनी कभी नहीं। राष्ट्रीयता का ज़माना था; ग्रीक प्रभाव को भी भारतीय जामा पहनाकर पूरा-पूरा अपना लिया गया। ढाली हुई धातु की मूर्तियों के तो क्या कहने!

कालिदास

उनके जोड़ की चीज़ें कहीं नहीं। उसी काल का लोहे का खम्भा दिल्ली में कुतुबमीनार के पास खड़ा धूप-पानी झेल रहा है, पर उस पर ज़रा भी ज़ंग नहीं लगी। इसी प्रकार मिट्टी की मूर्तियां और खिलौने भी गज़ब के हैं। पश्चिमी घाट की अजन्ता की गुफाओं के अति आकर्षक चित्र तभी के बने हैं, जिनकी गणना संसार के सबसे सुन्दर चित्रों में की जाती है। ग्वालियर के पास बाघ नाम की गुफाओं के चित्र भी कुछ घटकर नहीं, और तो और, गुप्त-सिक्के भी अपनी दिशा में आप ही प्रमाण हैं।

गुप्त-साम्राज्य को हूणों ने तोड़ डाला। हूणों ने संसार के अनेक साम्राज्य तोड़े थे, अब गुप्तों का साम्राज्य भी तोड़ डाला। उनकी क्रूरता जगत्प्रसिद्ध थी, पर उनकी क्रूरता का बदला भी हिन्दुस्तान ने उसी तरह लिया, जिस तरह कभी अशोक ने सिकन्दर के हमले का लिया था। हूणों के अपने देश, चीन के कान्सू प्रान्त में बौद्ध पण्डितों ने, हूणों के घर में ही बुद्ध के शान्तिमय उपदेशों का उसी समय प्रचार शुरू किया, जब वे हमारी सुनहली सभ्यता का हमारे देश में सर्वनाश कर रहे थे। कान्सू में तान हुआंग नामक 469 गुफाओं में अजन्ता की नकल में चित्र बने हैं। यही भारतीय संस्कृति की विशेषताएं और ऊंचाइयां हैं—बदी का बदला, कायर न होते हुए भी, नेकी से देना और दूसरों की संस्कृति को पचाकर सर्वथा अपना बना लेना। यह जितना गुप्तकाल में हुआ उतना शायद कभी और नहीं हुआ।

चीनी यात्री फाह्यान ने तब के भारतीयों की सुरुचि, सुभाषा और सदाचार का बखान किया है। पर एक बात

जो इस सारी उपलब्धि पर कालिख पोत देती है, वह है उस समय का, अछूतों के साथ बर्ताव। उनका आज का रूप शायद तभी खासकर बना। फाह्यान लिखता है कि वे नगर के बाहर रखे जाते थे और जब कभी शहर में जाते थे, उन्हें लकड़ियां बजाते हुए जाना पड़ता था, जिससे सवर्ण हिन्दू हट जाएं और इनसे छू जाने से अपवित्र न हो जाएं। जिसने मनुस्मृति पढ़ी है, वह जानता है कि यह झूठ नहीं है। उस सुनहले युग का सोना जितना चमकता है, अफसोस कि उसकी यह कालिमा भी उतनी ही गाढ़ी है।

गुप्तों के समय ही नालन्दा का वह विश्वविद्यालय शुरू हुआ जो हर्षवर्धन के समय संसार-भर में विख्यात हुआ। हुएनसांग लिखता है कि वहां दस हज़ार विद्यार्थी पढ़ते थे और सौ विद्वान एक साथ विविध विषयों पर व्याख्यान देते थे। वहां प्रवेश बड़ा कठिन था। एक से एक पण्डित-आचार्य पढ़ाने का काम करते थे। कुछ ही काल पहले भर्तृहरि हुआ था, जिसकी पुस्तकें वहां पढ़ाई जाती थीं। उस नालन्दा के खण्डहर राजगृह के पास खोद निकाले गए हैं। बाण और मयूर तो हर्ष के दरबारी कवि थे ही, स्वयं राजा भी बड़ा सफल नाटककार था। 'नागानन्द' उसका प्रसिद्ध नाटक है।

भर्तृहरि

कुछ ही काल बाद मालाबार के मेधावी दार्शनिक

शंकराचार्य ने बौद्धों से सफल लोहा लिया। उन्हीं के तर्क का उनके ही विरुद्ध प्रयोग किया। हिन्दू धर्म को उनसे बड़ी शक्ति मिली। देश की दूर-दूर की सीमाओं पर शिव के मन्दिर और शैव मठ कायम हुए। कुमाारिल भट्ट ने भी तभी जैनियों से शास्त्रार्थ कर हिन्दू विश्वासों की जड़ मज़बूत की।

8

कहा जा चुका है कि जब-जब हमारी संस्कृति का विदेशी संस्कृति से सम्बन्ध हुआ, तब-तब हमारी संस्कृति में नई जान आई। हूणों ने निश्चय इस देश में बड़ी बरबादियां कीं, पर इसमें भी कोई सन्देह नहीं कि उनको भी हमने पचा लिया। बल्कि केवल उन्हीं को नहीं, दूसरी बाहर से आई जातियों को भी, क्योंकि हूणों के अलावा उस काल गुर्जर आदि और भी जातियां यहां आई थीं। अहीरों ने तो शकों के जाने के साथ ही यहां अपने राज्य कायम किए थे। इन्हीं जातियों से हमारी राजपूत जातियों का उदय हुआ। गुर्जर, प्रतिहार, चौहान, परमार आदि चार राजपूत घरानों के लिए कहा जाता है कि उन्हें वशिष्ठ ने आबू पर्वत पर यज्ञ कर अग्नि से उत्पन्न किया, जिससे वे अग्नि-कुल के कहलाते हैं। लगता है कि एक बार जैसे पहले ब्राह्मणों ने क्षत्रियों के विरुद्ध शूद्रों से समझौता किया था, वैसे ही फिर इन विदेशियों को नये क्षत्रिय बनाकर अपनी शक्ति बढ़ाई। उन्हें शुद्ध कर राजपूत बना लिया।

जो भी हो, हमें मालूम है कि इन राजपूतों का अपने इतिहास में कितना गौरवशाली स्थान है। हमारे उदार विचारों की भट्ठी में पक कर ये विदेशी हमारी संस्कृति के महान रक्षक हुए। एक बार शक, कुषाण और शाही इसी प्रकार काबुल में राज्य स्थापित कर हमारे सिंहद्वार की रक्षा करते रहे थे। फिर क्षत्रिय जिन्होंने सदियों उत्तर से आने वाली जातियों से हमारी रक्षा की। जयपाल, आनन्दपाल उसी वंश के थे जिन्होंने महमूद गज़नवी और उसके पिता से लोहा लिया। वे पहले विदेशी थे जो हमसे घुलमिलकर हमारे देश के पहरेदार हो गए थे। यही हाल हूणों, गूजरों आदि का भी हुआ। उन्होंने हमारे देश की वीरता की मूर्ति राजपूतों को अपनी काया से सिरजा; उनकी क्रूरता तपकर इस देश में राजपूतों की वीरता बन गई। राजपूतों के कार्य भारत के इतिहास में सोने के अक्षरों से लिखे जाने योग्य हैं।

उनका संगठन कबीलों का था। कबीलों का एक सरदार होता था, सरदारों का एक राजा। युद्ध को ही इन्होंने अपना कर्तव्य माना और कुम्भा और सांगा के समय बड़ा साम्राज्य कायम किया। उनके पहले प्रतिहारों, चौहानों, परमारों, चालुक्यों, राष्ट्रकूटों आदि ने भी बड़े-बड़े राज्य कायम किए थे। सारा भारत, दक्षिण तक उनके अधिकार में हो गया था। परमारों की राजधानी पहले उज्जैन, फिर धारा हुई। उस कुल के राजा मुंज और भोज, विद्या के क्षेत्र में बड़े मशहूर हो गए हैं। बड़े-बड़े कवि और लेखक उनके दरबार में रहते थे। भोज ने तो स्वयं भी अनेक ग्रंथ लिखे थे।

राजपूतों के आरम्भ काल में बंगाल वालों ने भारतीय

संस्कृति का बड़ा उपकार किया था। वे शूद्र और बौद्ध थे, भारत की निचली जातियों के प्रतिनिधि। उनके पहले राजा को जनता ने चुना भी था। उन्होंने खासकर तिब्बत में बौद्ध धर्म का प्रचार कराया। पाल-काल में तांबे-पीतल की सुन्दर मूर्तियां बनीं। पालों ने विक्रमशिला, नालन्दा आदि विद्यापीठों की धन से सहायता की।

पालों के बाद बंगाल के राजा सेन हुए। ये दक्षिण के ब्राह्मण थे। इन्हीं के अन्तिम राजा लक्ष्मणसेन का कवि जयदेव था, जिसके समान मधुर कवि संस्कृत में दूसरा नहीं। परन्तु जनता राजनीति से इतनी उदासीन हो गई थी कि जब बख्त्यार खिलजी अपने इने-गिने सवारों को लिए नालन्दा को बरबाद करते हुए बिहार-बंगाल लांघते गौड़ पहुंचा, तो किसी ने उसकी गति नहीं रोकी।

मुसलमानों की नई शक्ति की चोट चौहानों और गहड़वालों को सहनी पड़ी। वैसे तो अरब, हर्ष के कुछ ही काल बाद सिंध को जीत उसमें आ बसे थे, पर उनसे इस देश का कुछ संघर्ष नहीं हुआ था। सिंध में वे सदियों हिन्दू राजाओं के बीच रहे, पर न उन्होंने यहां वालों को हानि पहुंचाई, न यहां वालों ने उनको।

9

दक्षिण में आन्ध्रों के बाद अनेक राज्य कायम हुए, जिनमें कई पुसने भी थे—पाण्ड्य, चोल, केरल, पल्लव आदि। इन्होंने दीर्घ काल तक भारतीय संस्कृति को अपने रूप में ढाला। इनका भी विदेशियों से बड़ा सम्पर्क हुआ,

पर व्यापार के सिलसिले में। मिस्र, रोम, काबुल, अरब से इनका बड़ा व्यापार चलता था, विशेषकर गरम मसाले और मोती का। इनके देश में लगातार सोना बरसता था। दक्षिण में रोम, मिस्र, अरब से अनेक लोग आकर बसे। बहुत पहले सीरिया से ईसाई आकर तभी बस गए थे, जब अभी यूरोप के देश ईसाई नहीं हुए थे। इसी तरह अपने धर्म की रक्षा के लिए ईरान से भागे पारसियों को भी भारत के पश्चिमी तट पर शरण मिली।

दक्खिनी शैली के मन्दिर

इन दक्षिणी राजाओं ने पत्थर की शिलाएं काटकर या ईंट-पत्थर के विशाल मन्दिर बनवाए। ये मन्दिर क्या हैं, नगर हैं। अनेक मन्दिर तंजोर, मदुरा आदि में बने। राष्ट्रकूटों

ने भी अजन्ता की ही भांति एलोरा की गुफा और मन्दिर बनवाए, जिनमें शिव का कैलाश मन्दिर अदभुत हुआ। उसी दक्षिण और पश्चिम में कन्हेरी, कार्ले, एलिफैंटा की गुफाएं भी खुदीं।

शिलाएं काटकर मन्दिर बना।

दक्षिण में भी उत्तर की भांति वैष्णव और शैव धर्म का विकास हुआ, पर यहां की सहिष्णुता दक्षिण में न निभ सकी। वैष्णव और शैव आपस में बराबर लड़ते रहे, यहाँ तक कि एक ही नगर कांची के दो भाग विष्णुकांची और शिवकांची बन गए। उत्तर में कालिदास, तुलसीदास आदि के कारण दोनों सम्प्रदायों में बड़ा सद्भाव बना रहा। कालिदास ने 'रघुवंश' में रामकथा लिखी, पर उसका आरम्भ शिव-स्तुति से किया। ऐसा ही पीछे तुलसीदास ने किया।

उत्तर भारत में यह सहिष्णुता खूब निभी। कारण कि गुप्तकाल से ही धर्मों में समत्व हो गया था। जिस प्रकार वहां की जनता ने विदेशी लोगों को पचा लिया था, उसी प्रकार मत-मतान्तरों को भी घुला-मिलाकर एक कर लिया था। सब देवता सबके थे।

दक्षिण के वर्णधर्म ने भी भयानक रूप धारण किया।

अछूतों की स्थिति दिन पर दिन खराब होती गई। उनकी छाया से भी सवर्ण हिन्दू भागने लगे। फिर एक दिशा में दक्षिणीयों ने आश्चर्यजनक उन्नति की–गांव की व्यवस्था में। उनके गांव नगरों और राजधानियों से स्वतंत्र थे। वैसे तो भारत के सभी गांवों में आत्मनिर्भरता थी, पर विशेषकर दक्खिन के गांवों ने तो एक छोटा-मोटा प्रजातन्त्र ही कायम कर लिया। उनकी अपनी-अपनी जनता की अनेक समितियां थीं, जो कर उगाहकर राजा को देती थीं; कुओं-तालाबों, मन्दिरों तथा शिक्षा का प्रबन्ध करती थीं; खेत, सिंचाई आदि की व्यवस्था करती थीं। वास्तव में गांव अपनी व्यवस्था में बिल्कुल स्वतंत्र थे।

उनके यहां भी उत्तर भारत की ही तरह श्रेष्ठी (शेट्टी, सेठ) आदि बैंक का काम करते थे। अपने पास रखी हुई सम्पत्ति पर ऋण और ब्याज देना उनका काम था। अनेक लोग भेड़-बकरियां और दूसरे मवेशी इन श्रेष्ठियों को इसलिए दे देते थे कि उनके नाम पर मन्दिरों में दिए जलवाते रहें। मवेशी मूलधन का काम करते थे और चूंकि वे सदियों कायम रहते थे, अतः निरन्तर दीये जलवाते रहते थे। नये पैदा होने वाले मवेशी लाभ के स्रोत बनते थे।

दसवीं-ग्यारहवीं सदियों में उत्तर-पूरबी भारत में बौद्ध और शाक्त धर्म का बोलबाला हुआ। पहले से ही लोग स्मृतियों की जकड़ से घबरा गए थे। वर्णधर्म कमज़ोर पड़ता जा रहा था; नीचे की जातियां अपनी भयंकर स्थिति से ऊपर उठने की कोशिश कर रही थीं। अब वे तान्त्रिकों को बढ़ाने लगे, क्योंकि इन सभी ने छूतछात और जातपांत का टंटा उठा दिया था। बौद्ध और शक्तिपूजक, अपने

विचारों और पूजा में अधिकतर एक-से थे। उन्होंने उस काल इन्द्रियों को उनके विषयों से हटाने की नहीं, भोग की मांग कर साधना करने की बात कही। उनके अनेक सिद्ध यह सब करके भी महात्मा बने रहे। पर साधारण लोगों के लिए तो ऐसा संभव न था इसलिए फिर तो भोग-विलास, शराब की धूम मच गई। उड़ीसा के कोणार्क, भुवनेश्वर और पुरी में तथा खजुराहो में जो मन्दिर बने, उन पर हज़ारों अश्लील मूर्तियां लगा दी गईं। समाज की नैतिकता छिन्न-भिन्न हो गई।

10

मुसलमानों के पहले आने वाले विदेशी अधिकतर गंवार कहे जाते थे। न उनका अपना कोई धर्म था, न जीवन-दर्शन, न कोई सामाजिक संगठन। इससे इस देश को उन्हें पचा लेना आसान रहा। पर इस्लाम अपने नये विचारों, नई मान्यताओं, समता के अपने आदर्शों को साथ लाया था। उसका खो जाना सम्भव न था; फिर वह लोगों को अपने आदर्शों में दीक्षित भी करना चाहता था।

इससे वह हिन्दू-धर्म में समा न सका। और हिन्दुओं की जात-पांत, ऊंच-नीच, छुआछूत-भरे सामाजिक संगठन में वह समा भी कहां पाता ? इससे दोनों में न केवल राजनीतिक बल्कि सांस्कृतिक संघर्ष भी चल पड़ा, जिसका परिणाम अच्छा नहीं हुआ। भारत संस्कृतियों के सामंजस्य का विरोधी कभी नहीं रहा था। इस संघर्ष से भी उसे लाभ हुआ—नई विचारधाराएं, नये विश्वास, नये साहित्य, नये

लिबास, नई-नई कलाएं, उसकी हुईं।

इस्लाम ने जहाँ हिन्दू सामाजिक संगठन को झकझोर दिया था, वहाँ उसने अपनी ओर से मनुष्य की समता और एकता का आदर्श भी सामने रखा। दोनों संस्कृतियों के संघर्ष और सम्मिलन से नये तत्त्वों का उदय हुआ और कबीर, नानक-से उदार और पाखंड-विरोधी सन्तों ने साहस के साथ अन्धविश्वासियों को धिक्कारा। उन्होंने हिन्दू-मुसलमान दोनों को फटकारा और उनमें एकता और भाईचारे के बीज बोए।

जायसी

चैतन्य

इस्लाम के साथ ही हमारे यहाँ एक नई आवाज़ आई, जो इस्लाम की कट्टरता के सर्वथा विरुद्ध थी। यह आवाज़ सूफी धर्म की थी। जन-जन में घट-घटव्यापी एक भगवान का वास, आपस में घने प्रेम का प्रचार, इन सूफियों का लक्ष्य था। उनके सिद्धान्त स्वयं हमारे वेदान्त से प्रभावित थे और अब वे हमारे विश्वासों को प्रभावित करने लगे। कबीर और नानक को, भारतीय परम्परा में रहते ही सूफी

विचारों ने प्रभावित किया। हिन्दू-मुस्लिम एकता के सबसे सुन्दर नमूने कबीर और नानक थे, यद्यपि सूफी धर्म के विख्यात पंडित, अवधी के पहले प्रबन्ध-काव्य 'पद्मावत' के कवि, मलिक मुहम्मद जायसी हुए। सूफियों के अतिरिक्त वैष्णवों में भी प्रेम-प्रचार की बड़ी गहरी लगन थी और राम-कृष्ण को इष्ट मान उन्होंने प्रेम का घर-घर प्रचार किया। कबीर और नानक के अलावा दूसरे सन्तों में

तुकाराम

ज्ञानेश्वर

विख्यात चैतन्य, ज्ञानेश्वर, तुकाराम, सूरदास, मीरा आदि थे। उनसे पहले रामानुज ने अपने दर्शन के प्रचार के साथ ही साथ विष्णु की महिमा गाई थी।

रामानन्द कबीर के गुरु थे, जिन्होंने साहस के साथ हिन्दू मुसलमान दोनों को अपना शिष्य बनाया था। बाद में वल्लभाचार्य ने आनन्दस्वरूप उस विष्णु की चर्चा की, जिनका सन्देश मधुर वाणी में सूर और मीरा गा उठे। अकबर के समय सन्त तुलसी ने समाज को एक नये सिरे से देखा और पारिवारिक सम्बन्ध को कर्तव्य की निष्ठा से फिर से संगठित करने के विचार से 'रामचरितमानस' में

रामकथा को फिर से गाया। उसमें पिता-पुत्र, पति-पत्नी, भाई-भाई के परस्पर कर्तव्य की सहज चर्चा कर घर-घर

सूरदास मीरा तुलसी

नैतिकता का प्रचार किया। आज चार सौ सालों से उस महान सन्त के दोहे-चौपाई विद्वान् और गंवार दोनों की ज़बान पर समान रूप से हैं।

पठानों के शासन में जनता की संस्कृति में, जैसा ऊपर कहा जा चुका है, काफी फर्क पड़ा। अनेक इमारतों ने भी कला का मुख उज्ज्वल किया। नई, विदेशी, मध्य और पश्चिमी एशिया से आई शिल्पकला ने यहां की भवन-निर्माण शैली में अपनी नई धारा जोड़ी। परन्तु फिरोजशाह तुगलक आदि ने जो देश में गुलामी-प्रथा का इतना विस्तार किया, वह कुछ कम भयानक न था। लाखों की तादाद में वे अभागे दिल्ली की सल्तनत को सिर पर चढ़ाए हुए थे। फिरोजशाह ने जागीरदारी का नियम चलाकर भी प्रान्तों की जनता की काफी हानि की।

मुगलों का युग समृद्धि का था। देश दूर तक एक शासन में आ गया था और औरंगज़ेब को छोड़ ज़्यादातर

बादशाह उदार थे। उस उदारता का सर्वाधिक महत्त्वपूर्ण प्रतिनिधि अकबर था, जिसने प्रजा को बराबर समझने में अशोक की नीति की याद ताज़ा कर दी। उसने हिन्दू, मुसलमान, ईसाई, पारसी सभी धर्मों के पंडितों को बुलाकर उनकी बहस सुनी और धार्मिक एकता के दर्शन पर विचार किया। सब धर्मों की अच्छाइयां इकट्ठी कर उसने अपने नये धर्म 'दीन-इलाही' को संवारा। अफसोस, मौलवियों की जड़ता के कारण उसका प्रचार न हो सका। अकबर ने हिन्दू-मुसलमान, दोनों में प्रेम पैदा करने की बड़ी कोशिश की। दोनों में विवाह-सम्बन्ध स्थापित करने के भी प्रयत्न किए।

बलबन

इस्लाम की दूसरी खूबी भारत को उर्दू की देन थी। खड़ी बोली का सही विकास उर्दू और हिन्दी के रूप में उस नई शक्ति से ही हुआ। गुलाम बादशाह बलबन का समकालीन कवि अमीर खुसरो हिन्दी-उर्दू दोनों प्रकार की कविता का आदिकर्ता था। हिन्दी के भंडार में उर्दू के ज़रिये लाई बाहरी परंपराओं की भी घनघोर वर्षा हुई। हिन्दू-मुसलमान दोनों ने हिन्दी-उर्दू कलेवर को सजाया। खुसरो, जायसी, रहीम, बाज बहादुर, रसखान, आलम वगैरह ने अपने लक्ष्य और गायन का उल्लास कविता में भरा। शब्द और अर्थ के रूप में नई परम्परा रीतिकाल के कवियों

को भी अनेक प्रकार से प्रभावित करती रही। केशव, देव, बिहारी, मतिराम, भूषण सभी पर वह प्रभाव पड़ा और उस प्रभाव से वे शक्तिमान बने। उर्दू तो हिन्दू-मुसलमान दोनों की बनाई संयुक्त सम्पदा है।

रहीम

राजपूत अकबर की नई नीति के अधिकतर कायल हो गए थे, उससे मुगल सल्तनत की नींव मज़बूत हुई। मगर मेवाड़ ने अकबर के सामने भी अपनी आज़ादी कायम रखने की जी-जान से कोशिश की, यद्यपि उसे उस आज़ादी की बड़ी कीमत चुकानी पड़ी। चित्तौड़गढ़ बरबाद हो गया और राणा प्रताप को मरने तक पच्चीस वर्ष, दूर-दूर की खाक छाननी पड़ी। पर प्रताप और उसके मेवाड़ ने आज़ादी के लिए बलिदान का चमकता आदर्श समाज के सामने रखा, और आज भी स्वतन्त्राता के प्रेमी हल्दीघाटी, चित्तौड़ और राणा की कसमें खाते हैं। उसी आज़ादी की परम्परा को दूसरे तरीके से कट्टर मुगल शहंशाह औरंगज़ेब से लड़कर शिवाजी ने बढ़ाया। शिवाजी ने

राणा प्रताप

छत्रपति शिवाजी

अपढ़-गरीब मराठे किसानों को एक राष्ट्र के रूप में संगठित कर, देश में एक बड़ी शक्ति बना ली। पहली बार उस राष्ट्र का संचालन मंत्रियों की सलाह से उस काल में होने लगा।

मुगलों का युग भारतीय कला की उन्नति का युग था। उन्होंने जो हमें लिबास दिया, वही हमारा राष्ट्रीय लिबास बना। चित्रकला की अकबर और जहांगीर के समय गज़ब की उन्नति हुई। मुगल कलम चित्रकारी की सफाई और बारीकी दुनिया में अपना सानी नहीं रखती। राजस्थानी और रागिनी चित्र भी तब बड़ी संख्या में राजस्थान में बनते थे। रागिनी चित्रों ने तो संगीत के रागों और रागिनियों को भी रूप दिया। परंतु कुछ ही समय बाद

तानसेन

औरंगज़ेब की बेरुखी से दिल्ली-आगरा के चित्रकार संरक्षा के अभाव में बिखर गए। पर जहां-जहां वे गए, वहां उन्होंने चित्रशैली की नई बेलें लगाईं, जो काफी फली-फूलीं। उनमें पहाड़ी कलम विशेष उल्लेखनीय है, जो कई रेखाओं में विकसित हुई। इसी प्रकार मुगलों के कुछ पहले से हैदराबाद में 'दक्षिणी कलम' के चित्र बनने लगे थे। गुजरात में प्राचीन काल से जैनों से प्रभावित एक ही चित्र परम्परा चली आती थी, जिसकी धारा ने शुरू में राजस्थानी और दक्षिणी कलमों को सींचा।

ताजमहल

भवन-निर्माण में मुगलों ने जो तत्परता दिखाई वह असाधारण थी। किले, मस्जिदें, इमामबाड़े ऐसे बने कि उनकी तारीफ नहीं की जा सकती। दिल्ली और आगरा के किले मशहूर हैं ही, वहां की जामा मस्जिद और मोती मस्जिद भी खूबसूरती का नमूना है। परन्तु इमारतों की खूबसूरती में जो स्थान शाहजहां के बनवाए आगरा के ताजमहल का है, वह दुनिया की किसी इमारत का नहीं।

ताज इसीलिए संसार के आश्चर्यों में गिना जाता है।

मुसलमान, विशेषकर मुगल बादशाहों के प्रोत्साहन से देश की संगीत-कला भी खूब फली-फूली। प्राचीन राग-रागिनियों में नये सुर और ताल आ मिले। ख्याल, ठुमरी, दादरा, गज़ल आदि संगीत की मधुरता बढ़ाने लगे। ध्रुपद का बेजोड़ बादशाह, तानसेन, अकबर के नौरत्नों में था।

11

अठारहवीं सदी से यूरोपीय सभ्यता का कुछ-कुछ आभास हिन्दुस्तानियों को मिलने लगा। बहुत पहले भी यूरोपीय समुद्र की राह आकर दक्षिण-पश्चिमी हिन्दुस्तान में बस गए थे पर हमारी संस्कृति पर उनका इतना असर न पड़ा, जितना अंग्रेज़ों का। अंग्रेज़ों के इस दूरगामी प्रभाव का कारण विशेषतः यह था कि वे हमारे मुल्क पर डेढ़ सौ साल तक राज्य करते रहे। विजेता के रूप में अब तक जो लोग इस मुल्क में आए थे, यहीं बस गए थे, पर अंग्रेज़ यहाँ बस न सके और सात समुद्र पार से हम पर राज्य करते रहे। इसका नतीजा यह हुआ कि उनको हिन्दुस्तान में कोई दिलचस्पी न रही, सिवाय उसका धन लूटकर समुद्र पार ले जाने के। उन्होंने औद्योगिक क्रान्ति के कारण अपनी मिलों के भारी माल की खपत के लिए इस देश को बाज़ार बनाया और यहां के उद्योग-धन्धे, जो ज़माने से चले आते थे, बन्द करा दिए। कारीगरों के अंगूठे और हाथ तक कटवा दिए। कारीगर बेकार हो गए। अपने

रवीन्द्रनाथ ठाकुर

महात्मा गांधी

शासन के लिए क्लर्क तैयार करने के लिए उन्होंने यहां विश्वविद्यालय खोले और माल और फौज ढोने के लिए रेल चलाई। पर हमारी संस्कृति की पुरानी रीति ने फिर अपना रूप दिखाया और उसने एक मंज़िल और छू ली। नई संस्कृति से उसने अपने लाभ की बहुत-सी बातें सीखीं।

विश्वविद्यालयों में जो अंग्रेज़ी का अध्ययन शुरू हुआ तो उससे शिक्षा, साहित्य और विज्ञान पर गहरा असर पड़ा। हिन्दुस्तान के सारे प्रदेशीय साहित्यों ने यूरोप की साहित्यिक शैलियां अपनाईं और प्रगति की। काव्य, नाटक, उपन्यास, कहानी, निबन्ध, आलोचना सभी पर अंग्रेज़ी का गहरा असर पड़ा। पश्चिमी दर्शन और विज्ञान भी नये सिरे से पढ़े जाने लगे। यूरोपीय विद्वानों ने अपनी खोज और परिश्रम से हमारे प्राचीन साहित्य को पढ़कर और ज़मीन खोदकर हमारे इतिहास और संस्कृति पर प्रकाश डाला। रवीन्द्रनाथ और गांधी हमारी संस्कृति की जितनी उपज थे, उतनी ही यूरोपीय संस्कृति की भी। इस देश का भी थोड़ा

राजा राममोहन राय

ईश्वरचन्द्र विद्यासागर

बहुत औद्योगीकरण हुआ, जिससे अनेक मिलें खुलीं, देश की आबादी बड़ी संख्या में शहरों में पहुंची और मज़दूरों के अधिकारों की मांग हुई। कारखानों के मज़दूरों का संगठन कई प्रकार की यूनियनों में हुआ। मार्क्सवाद का प्रचार ज़ोर पकड़ चला। आज़ादी की लड़ाई भी चल पड़ी। पहले अनेक उदार, धार्मिक, प्रगतिशील सुधारक आंदोलन चले, फिर राजनीतिक। राजा राममोहन राय और ईश्वरचन्द्र विद्यासागर ने समाज की कुरीतियों का विरोध किया; ब्रह्म समाज ने उपनिषदों और अंग्रेज़ी संस्कृति का एक प्रकार का समन्वय ही समाज के सामने रखा; स्वामी दयानन्द ने अनेक सुधारों के लिए आर्य-समाज की स्थापना की।

सन् 1857 के तथाकथित सिपाही-विद्रोह से देश में स्वतंत्रता की मांग ज़ोर पकड़ने लगी। यद्यपि इस विद्रोह को क्रूर फिरंगियों ने अमानुषिक तरीके अपनाकर कुचल दिया, पर यह स्वतंत्रता की पहली लड़ाई थी–स्वतंत्रता-संग्राम का प्रथम शंखनाद। इसने कई हस्तियों के नाम उछाले

स्वामी दयानन्द

जिन्होंने देश के लिए अपनी जान हथेली पर ले ली। झांसी की रानी, तात्या टोपे, वीर कुअंरसिंह इसी की उपज हैं।

आगे चलकर कांग्रेस द्वारा संचालित स्वतंत्रता की लड़ाई में बाल गंगाधर तिलक, दादाभाई नौरोजी, गोपाल कृष्ण गोखले, सुरेन्द्रनाथ बनर्जी, लाला लाजपतराय, मदनमोहन मालवीय, मोतीलाल नेहरू इसके आरंभिक नेता रहे। इनके समय तक स्वतंत्रता की मांग का स्वर उतना कड़ा नहीं था।

मोहनदास कर्मचन्द गांधी ने, जिन्हें बाद में महात्मा गांधी कहा गया, अफ्रीका से लौटकर जब कांग्रेस की बागडोर सम्भाली तो उसमें नई जान आई और उसने "अंग्रेज़ो, भारत छोड़ो" तक का नारा लगा दिया। जिसके राज्य में कभी सूरज नहीं डूबता था, उस ब्रिटिश राज्य से लोहा लेना आसान नहीं था क्योंकि हम निहत्थे थे, उनके पास अस्त्र-शस्त्र थे। अतः महात्मा गांधी ने अहिंसा और सत्य को अपना अस्त्र बनाया। उन्होंने असहयोग आंदोलन आरंभ किया। विदेशी वस्तुओं का बहिष्कार आरंभ किया। स्वदेशी का नारा दिया। चर्खे और करघे को आगे किया। विदेशी वस्त्रों की होली जलाई। इससे इंग्लैण्ड के कपड़ा मिल प्रभावित हुए। व्यापारिक शोषण बंद होने लगा। आये दिन के असहयोग आंदोलनों ने अंग्रेज़ों की नाक में

दम कर दिया। भारत पर शासन करते रहना उनके लिए महंगा पड़ने लगा।

गांधी जी ने पूरे देश के दौरे कर राष्ट्र को एकता दी। छुआछूत के भेद को मिटाने का प्रयत्न किया। शूद्रों को 'हरिजन' नाम दिया गया। वे समाज की मुख्य धारा से जुड़े। तथाकथित अछूतों ने कई दिग्गज नेता दिये जिनमें भीमराव अंबेडकर का नाम सर्वप्रसिद्ध है। आगे चलकर देश के संविधान-निर्माण में इनका बहुत योगदान रहा।

महात्मा गांधी के नेतृत्व में कई लोग अपने जमे-जमाये धंधे को छोड़ कर आगे आये। इनमें सरदार पटेल, अब्दुल कलाम आजाद, डॉ. राजेन्द्र प्रसाद, पं० जवाहरलाल नेहरू के नाम उल्लेखनीय हैं।

देश की करोड़ों जनता की आवाज़ के सामने अंग्रेज़ों की आवाज़ डूब गई। 1942 का स्वतंत्रता-आंदोलन हिंसक हो गया। उग्र भारतीयों ने कई अंग्रेज़ अधिकारियों को मार डाला, थाने और कचहरियों को आग की लपटों के हवाले किया। विदेशी वस्तुएं जला कर खाक कर दीं। पूरा देश एक हो गया। रेलवे की पटरियां उखड़ गईं। स्टेशन फूंक दिये गये। आंदोलन को कुचलने में अंग्रेज़ों को जान-माल की भारी क्षति हुई। उसे किसी तरह दबाया गया, पर अंग्रेज़ों को लग गया कि भारत में उनके दिन अब गिने-चुने ही हैं।

महात्मा गांधी के आंदोलन के साथ कुछ क्रान्तिकारी आंदोलन भी, जो अहिंसा में विश्वास नहीं रखते थे, गुप्त रूप से चलते रहे। सरदार भगत सिंह, चंद्रशेखर आज़ाद

आदि का नाम अमर शहीदों में सम्मिलित है। इन्होंने अपने साथियों के साथ मिलकर बम और बंदूक के बल पर आज़ादी चाही। मुजफ्फरपुर के खुदीराम बोस ने वहाँ के कमिश्नर की कार पर बम फेंका। इन्हें सजाए-मौत सुनाई गई। इन्होंने फांसी के फंदे को मुस्कराकर गले लगाया।

नेताजी सुभाषचंद्र बोस का नाम भी इतिहास के पृष्ठों में अमर है। इन्हें एक बार कांग्रेस का अध्यक्ष भी बनाया गया पर, मतभेद होने पर इन्होंने कांग्रेस छोड़कर, अपनी लड़ाई अलग से आरंभ की। वे बड़े मेधावी थे। आई. सी. एस. की प्रतियोगिता में आने के बाद भी पद का लोभ छोड़ वह आज़ादी की लड़ाई में कूद पड़े थे।

कांग्रेस से नाता तोड़ वे गुप्त रूप से देश से बाहर चले गये। जर्मनी-जापान आदि की सहायता से अंग्रेज़ों से सशस्त्र लड़ाई आरम्भ की। "आज़ाद हिन्द फौज" का गठन किया। दुर्भाग्यवश एक विमान-दुर्घटना में उनकी मौत हो गई, नहीं तो हो सकता है, हिन्दुस्तान का इतिहास कुछ और होता।

खान अब्दुल गफ्फार खां भी गांधीजी के दाहिने हाथ थे। सारे पठान उनके साथ मिलकर स्वतंत्रता की लड़ाई में कूद पड़े। वे गांधी जी की मौत के बाद भी बहुत दिनों तक ज़िन्दा रहे। उन्हें 'सरहदी गांधी' कहते थे।

महात्मा गांधी के नेतृत्व के फलस्वरूप देश 15 अगस्त 1947 को स्वतंत्र हुआ। पं० जवाहरलाल नेहरू ने वायसराय लार्ड माउंटबेटन से देश की बागडोर अपने हाथों में ली। लाल किले पर झंडा फहराया।

देश तो आज़ाद हुआ, डेढ़ सौ वर्षों की विदेशी दासता से उसे मुक्ति भी मिली, पर वह दो टुकड़ों में बंट गया। मुहम्मद अली जिन्ना की ज़िद के चलते हिन्दुस्तान के साथ एक पाकिस्तान भी बन गया। जिस साम्प्रदायिक सद्भाव के लिए गांधी जी ने अपना पूरा जीवन खपा दिया, वही नहीं रहा। गांधी जी के सपनों का शीशमहल टुकड़े-टुकड़े हो गया। सम्पूर्ण देश चौदह अगस्त की आधी रात के बाद जश्न मना रहा था और गांधी जी कलकत्ते के नोआखाली में हिन्दू-मुस्लिम दंगों को दबाने के लिए अपने प्राणों को हथेली पर लिए घूम रहे थे।

गांधी जी के जीवन का उद्देश्य अधूरा रह गया। अंग्रेज़ों की "फूट डालो और राज करो" की नीति फिर सफल हुई। पाकिस्तान आज भी गलत हरकतें करता है और पश्चिम तमाशा देखता है अपितु चुपके-चुपके उसकी पीठ भी थपथपाता है।

इसी साम्प्रदायिक एकता के लिए गांधी जी 30 जनवरी 1948 को एक हिन्दू के हाथों मारे गये। जिस पाकिस्तान ने उन्हें कहीं का नहीं रखा, उसी को धन दिलाने के लिए वे भारत सरकार पर ज़ोर देते रहे। यह बात हिन्दू कट्टरपंथियों को नहीं भाई और उन्हीं में से एक ने गांधी जी की छाती में तीन गोलियां उतार दीं। गांधी जी ने "हे राम" कहकर अपने प्राण त्याग दिये।

यही है भारतीय संस्कृति की कहानी जिसने विश्व के महापुरुष से मरते समय भी उसकी आस्था, उसके विश्वास को पराजित नहीं होने दिया। महात्मा गांधी मानव नहीं,

महामानव थे। यह भारतीय संस्कृति ही है जो इस विश्व-मानव को जन्म दे सकी। आइंस्टाइन ने सच कहा था—"आने वाली पीढ़ियाँ विश्वास नहीं करेंगी कि गांधी की तरह का हाड़-मांस का कोई मनुष्य इस धरती पर जन्मा था।"

गांधी जी द्वारा दिखाये गये अहिंसक आंदोलन का सहारा लेकर विश्व के कई देशों ने अपने कंधों से गुलामी का जुआ उतार फेंका। ब्रिटिश साम्राज्यवाद समाप्त हो गया। उसका सूरज जो कभी नहीं डूबता था, अब हमेशा के लिए डूब गया।

स्वतंत्रता-प्राप्ति के पश्चात् भी भारतीय संस्कृति की यात्रा जारी रही। संयोग से हमें प्रथम राष्ट्रपति के रूप में भारतीय सादगी के प्रतिरूप मेधावी डॉ. राजेन्द्र प्रसाद मिले, तो द्वितीय राष्ट्रपति के रूप में डॉ. सर्वपल्ली राधाकृष्णन मिले जो विश्व स्तर के दार्शनिक तथा भारतीय वांग्मय के पारंगत विद्वान थे। प्रथम प्रधानमंत्री के रूप में पंडित जवाहरलाल नेहरू मिले जिन्होंने पंचशील की घोषणा की और विश्वशांति के पुरोधा बने। परन्तु उनके मित्र चीन ने उन्हें धोखा दिया। 1962 में उसने भारत पर आक्रमण कर दिया। उसके पूर्व तिब्बत पर अधिकार कर वहां की भारत-प्रभावित संस्कृति को भी चौपट कर दिया।

जवाहरलाल नेहरू इस सदमे को सहन नहीं कर सके और चल बसे। पाकिस्तान की आक्रामक हरकतें जारी रहीं। उसने फिर आक्रमण किये परन्तु यहां के द्वितीय प्रधानमंत्री लालबहादुर शास्त्री ने उसे मुंहतोड़ जवाब दिया।

इसके बाद जवाहरलाल जी की बेटी इंदिरा गांधी भारतीय दुर्गा के रूप में उभरीं और उन्होंने पाकिस्तान के दो टुकड़े कर एक नए राज्य बंगलादेश की ही स्थापना करवा दी।

भारत आगे बढ़ा। विश्व के बड़े राज्य "न्यूक्लियर" हो रहे थे। भारत इसमें भी पीछे नहीं रहा। इंदिरा गांधी ने ही इसका शुभारंभ किया। पोखरण में भारत ने एटम बम का सफल परीक्षण किया। हमें आज कोई आँखें नहीं दिखा सकता। स्वतंत्रता की स्वर्ण-जयंती हम मना चुके हैं।

विश्व के सबसे बड़े गणतंत्र के रूप में आज हम खड़े हैं। आज 100 करोड़ की हमारी आबादी अपने भोजन का प्रबंध तो करती ही है, विदेशों में अन्न का निर्यात कर कई देशों की भूख को भी मिटाती है।

अब भूमंडलीकरण का युग है। विश्व बाज़ार का युग है। हम उसमें भी पीछे नहीं हैं। स्वदेशी वस्तुओं की रक्षा करते हुए भी हम विश्व बाज़ार की प्रतिस्पर्धा में किसी से पीछे नहीं हैं। कभी सांपों और मदारियों (अंग्रेज़ों के शब्दों में) का देश आज विज्ञान और तकनीकी के क्षेत्र में इतना आगे बढ़ गया है कि हमारे वैज्ञानिकों की मांग विदेशों में भी हो रही है। यही नहीं, आज भारत के राष्ट्रपति डॉ. ए. पी. जे. अब्दुल कलाम एक विख्यात वैज्ञानिक हैं जो बीस वर्ष में भारत को दुनिया के सबसे उन्नत 4-5 देशों के साथ खड़ा देखना चाहते हैं।

कम्प्यूटर इंटरनेट के द्वारा विश्व आज सूचना क्रांति के युग से गुज़र रहा है। हम यहां भी किसी से पीछे नहीं,

बल्कि बहुतों से आगे हैं। हमारे कम्प्यूटर-इंजीनियरों की मांग पश्चिम के देशों में बढ़ती जा रही है।

कुछ बातें महत्त्वपूर्ण हैं :

भारतीय संस्कृति आज विश्वव्यापी बन चुकी है। सर्वप्रथम तो हमारे पूर्व पुरुष जहां-जहां भी गये जैसे मॉरीशस, ट्रिनिडाड, फिजी, वहां हमारी संस्कृति के प्रतीक रामायण और गीता अवश्य ले गये। अपने उत्सव और त्यौहार ले गये। अपनी भाषा, अपने लोकगीत ले गये। उनके बल पर उन देशों में उन्होंने भारतीय संस्कृति की अपनी समृद्ध परंपरा को जीवित रखा। मॉरीशस में आज भी घरों में ही नहीं, सड़कों पर भी भोजपुरी बोली जाती है।

दूसरी बात यह है कि आज प्रायः सभी देशों में भारतीय मूल के लोग बसी हैं। उनकी कॉलोनियां हैं। ये भी अपनी संस्कृति, अपनी माटी से जुड़े हैं। अपने धर्मग्रंथों का आदर करते हैं। सिख तो पूरी निष्ठा के साथ अपने धर्म, अपनी संस्कृति से संबद्ध हैं। विदेशों में हमारे मंदिर हैं, गुरुद्वारे हैं।

टी. वी., कम्प्यूटर और इंटरनेट के इस युग में हमारे यहां की हर घटना की सूचना तत्काल हमारे विदेशी बन्धुओं को मिल जाती है। इस तरह विदेशों में रहकर भी अब भारतीय पूर्व की अपेक्षा अधिक ही अपनी मातृभूमि से अपने को जुड़े हुए पाते हैं और अपनी भारतीयता, अपनी अस्मिता और अपनी परंपरा को अक्षुण्ण रखने में सफल हैं।

संक्षेप में यह कि आज इक्कीसवीं सदी की भारतीय संस्कृति अपनी मिट्टी से जुड़ी रहकर भी विश्व-संस्कृति के

साथ-साथ चल रही है। हमारा मूल यदि हमारी मिट्टी में है तो हमारा सिर आकाश का स्पर्श कर रहा है।

भविष्य में हमें और भी आगे बढ़ना है। प्रगति के सभी क्षेत्रों में न केवल अपनी उपस्थिति दर्ज करानी है वरन् नेतृत्व भी करना है।

❑